LUÍS MENDONÇA

ESTRATÉGIA DE MUDANÇA

CB021547

LUÍS MENDONÇA

ESTRATÉGIA DE MUDANÇA

A arte de gerar impacto estratégico nas organizações

Veja como transformar o seu negócio com segurança em tempos de disrupção

São Paulo | 2022

Editor: Fabio Humberg
Revisão: Humberto Grenes, Cristina Bragato e Rodrigo Humberg
Capa e diagramação: Alejandro Uribe

Dados Internacionais de Catalogação na Publicação (CIP)
(Câmara Brasileira do Livro, SP, Brasil)

Mendonça, Luís
   Estratégia de mudança : a arte de gerar impacto
estratégico nas organizações / Luís Mendonça. --
São Paulo : Editora CL-A Cultural, 2022.

   ISBN 978-65-87953-37-3

   1. Administração de empresas   2. Inovações
3. Mudanças organizacionais   4. Planejamento
estratégico   I. Título.

22-117297   CDD-658.4063

Índices para catálogo sistemático:

1. Inovação : Empresas : Administração   658.4063

(Cibele Maria Dias - Bibliotecária - CRB-8/9427)

Editora CL-A Cultural Ltda.
Tel.: (11) 3766-9015 | Whatsapp: (11) 96922-1083
editoracla@editoracla.com.br | www.editoracla.com.br
linkedin.com/company/editora-cl-a/ | instagram.com/editoracla

Disponível também em *ebook*

Agradecimentos

Este livro é resultado de 25 anos de experiência trabalhando em empresas multinacionais, tendo vivenciado diversas iniciativas internas e externas nas quais os líderes buscavam promover mudanças estratégicas impactantes. Seus objetivos convergiam para mudar os rumos de suas organizações, buscando o crescimento sustentável. Mas, ao final, a grande maioria não conseguiu executar seu plano estratégico de mudanças com sucesso. E por quê? Isso ocorre porque a arte de gerar impacto estratégico nas organizações não se aprende apenas vivenciando a prática, por meio de tentativa e erro. Ao contrário do que muitos imaginam, é preciso estudá-la.

Com tudo isso, meu agradecimento vai para todos os profissionais com quem trabalhei, direta e indiretamente, ao longo de minha carreira, e principalmente aos mestres com quem convivi em minha experiência de especialização em estratégia de mudança, com os quais aprendi a dominar a arte de gerar impacto estratégico.

Em especial, agradeço à minha família, que me inspira a tornar realidade o propósito de compartilhar, através desta obra, as lições e experiências aprendidas ao longo de minha jornada.

Índice

Prefácio[1]

Conheci o Luís Mendonça no âmbito da DSI Partners, um participante da Bridgewhat. O que nos atraiu na sua empresa foi a diversidade de especializações que a mesma reunia, sob a responsabilidade de *partners* com a senioridade requerida para proporcionar às empresas abordagens práticas de estratégia.

Quando o Luís me disse que estava a fazer um livro sobre estratégia e, posteriormente, me convidou para fazer o prefácio do mesmo, fiquei naturalmente entusiasmado com a ideia.

Aquando do meu doutoramento, tive oportunidade de estudar em profundidade uma disciplina que muitas vezes passa ao lado do *management* das empresas: o chamado *strategizing*.

O *strategizing* aborda o tema de como a alta direcção das empresas desenvolve os seus processos estratégicos. Ou seja, não trata tanto dos modelos de decisão estratégicos, mas antes das "danças" que se estabelecem entre os vários membros das equipas que participam nos processos de mudança estratégica.

Por outro lado, sempre defendi que a intuição e a inteligência se devem conjugar ao longo destes processos de desenvolvimento estratégico, conjugando acção (*strategizing*) com pensamento (modelos).

O livro do Luís Mendonça, *Estratégia de Mudança*, reflectindo a experiência de quem promoveu múltiplos processos de desenvolvimento estratégico nas empresas, reflecte muitíssimo bem esta conjugação entre a acção (o "estrategiar") e o pensamento (os modelos).

Comecemos pela parte do pensamento, dos modelos. Neste livro, o Luís oferece ao leitor uma compilação de vários modelos estratégicos desenvolvidos por autores de grande prestígio, que são devidamente assinalados na biografia do livro e em partes do texto, e das figuras, em que as referências aos mesmos se impõem. Aqui houve o cuidado de fornecer

---

1. Foi respeitada no Prefácio a grafia originalmente utilizada por Paulo Morgado, que é português, sem adaptá-la às características do idioma adotadas no Brasil.

ao leitor vários modos de análise da realidade e desenho de soluções em que a lógica e, por consequência, o fundamento "científico" fazem com que essa análise e essas soluções sejam o mais certeiras possíveis. É o contrapeso à dinâmica intuitiva, que, se não enquadrada, esbarra no improviso. Neste contexto, esta compilação de contributos mais teóricos de outros autores acaba por, paradoxalmente, dar ao livro um carácter eminentemente prático porque previne a deambulação inconsequente de um *strategizing* que fosse desprovido de "norte".

Mas passemos à parte de (ainda) maior valor acrescentado para o leitor, que é a parte da explicação das etapas críticas pelas quais passa o processo de *strategizing*, configurando uma meta-análise que qualquer directivo experiente deverá conseguir dominar em processos de mudança estratégica.

A primeira chamada de atenção feita pelo livro é a de assinalar que há diferenças relevantes quando se trata de lidar com diferentes tipos de problemas estratégicos: as crises de estratégia, rentabilidade ou liquidez, requerem abordagens diferentes; já para não falar de empresas à beira da insolvência, em que os processos estratégicos se verão necessariamente entrelaçados com os jurídicos e, consequentemente, com *timings* que fogem ao controlo da empresa.

Depois, assinalando um facto muitas vezes esquecido, que é o de uma direcção estratégica implicar situações de compromisso, o Luís sugere um modo prático de abordar os problemas, decompondo-os nas suas diferentes facetas, e sugerindo uma ordem de importância que, muito ao gosto dos consultores, prioriza aqueles que possam conduzir a maiores ganhos conjugados com uma maior facilidade de implementação. Aqui a grande lição é de que os recursos não são infinitos e, como tal, a *analysis by paralysis* tem muitas maneiras de ser evitada, ainda que respeitando algo fundamental para chegar a soluções: saber fazer as perguntas certas!

Já no campo das "soluções", se assim se pode dizer, o principal foco acaba por estar no dilema entre inovar, retirando as empresas das zonas de conforto, e continuar a fazer aquilo que as empresas sempre fizeram muito bem, mas que pode levá-las à falência por completa dessintonia com o mercado e a envolvente competitiva. Aqui, a bússola das empresas deverá ser sempre o cliente e o seu *Job to be done*, através do qual uma empresa entende como pode ajudar os seus clientes a resolver um problema ou a aproveitar uma determinada oportunidade, dentro de um contexto em que os mesmos se encontram.

Encontrada "a solução", expressado o caminho, o plano, há que implementá-la e estar atento ao facto de que uma parte significativa da direcção estratégica estará ainda certamente por emergir das "danças" que se desenrolaram durante a fase de execução. Será igualmente necessário definir as métricas que tornarão evidente a magnitude da mudança. O livro aqui toca nos pontos chave: o envolvimento dos diferentes interessados (*stakeholders*), a identificação das (habituais) barreiras à mudança, as manobras políticas para que a mudança não conduza a perdas de poderes de alguns, a escassez de alguns recursos, a necessidade de parcerias externas, as organizações que melhor respondem às alterações estratégicas, as necessidades de comunicação (oportunas), a compilação das lições aprendidas durante o processo e, sobretudo, a necessidade de uma empresa se manter ágil para executar com rapidez os chamados *action-feedback-loops* – as acções de ajustamento que permitem a uma estratégia atingir o seu propósito, com impactos em vendas, custos, simplicidade organizacional, ou eficiência do capital.

O livro do Luís Mendonça é, antes de mais, uma viagem. A estratégia também o é! Que melhor ajuda poderia o Luís ter dado aos gestores para os preparar para a "Estratégia de Mudança"?

Paulo Morgado
Cofundador e sócio-gerente da Bridgewhat

Apresentação

Este livro é sobre como implementar com sucesso uma estratégia de mudança. Embora possa parecer um desafio simples, mais de 85% dos executivos falham na execução de sua estratégia de mudança. As falhas geralmente ocorrem devido à liderança despreparada e à inexistência de agentes de mudança.

A falta de preparo muitas vezes acaba se revelando desde as etapas iniciais de definição de oportunidades e escopo, passando pela fase de planejamento; muitas vezes, ignoram a necessidade de alinhamento organizacional com cultura e propósito e a necessidade de sistemas e processos, subestimando a importância do planejamento da implementação.

O livro lhe incentiva a conhecer os detalhes que não devem ser esquecidos na hora de realizar uma transformação estratégica em seu negócio. As mudanças não ocorrem por meio de ações isoladas, e é preciso entender que existem técnicas para se chegar ao que seria a melhor recomendação do plano estratégico de mudança. Existem roteiros para a construção de um plano de mudança, que desafiam sua empresa a começar avaliando o risco de sofrer disrupção, revendo seu próprio modelo de negócios, o que muitas vezes é considerado um tabu nas organizações.

Convido o leitor a pensar sua empresa como se a estivesse começando do zero, considerando a necessidade de utilizar a estratégia como alavanca de mudança, e desafiar a própria estrutura organizacional como outra alavanca de mudança, impondo a disciplina correta na implementação da transformação do seu negócio.

Entender a mudança como um mecanismo dinâmico reforça a necessidade de focar o crescimento do seu negócio naquilo que motiva o seu cliente, integrando a marca com o propósito. Este livro aborda o uso de métricas como impulsionadores de mudança e a necessidade de alinhar recursos mínimos. Trata da importância de considerar os ganhos rápidos como financiadores da própria jornada de mudança e o papel da comunicação na gestão da resistência à mudança, e como ferramenta para gerenciar o envolvimento das partes interessadas.

Esta obra fornece conhecimento, estruturas e ferramentas para ajudá-lo a estabelecer as bases para o desenvolvimento de uma estratégia transformacional vencedora. Ela nos faz entender que errar nessa área muitas vezes é pior do que não fazer nada, pois pode deixar traumas e sequelas irreparáveis na cultura organizacional e no crescimento sustentável do seu negócio.

1 – Estratégia de mudança em uma organização: o que é e quando utilizar?

O QUE É ESTRATÉGIA DE MUDANÇA EM UMA ORGANIZAÇÃO?

O termo transformação estratégica ou estratégia de mudança significa alterar a própria essência de uma empresa. Consiste em fazer modificações drásticas e significativas em uma organização para redefinir a direção de sua viabilidade de curto e longo prazo.

A transformação de negócios é o processo de remodelamento fundamental de sistemas, processos, pessoas e tecnologia dentro de uma empresa ou unidade de negócios para alcançar melhorias mensuráveis em eficiência, eficácia e satisfação das partes interessadas.

As principais características de uma estratégia de mudança são: superação de padrões operacionais e culturais, identificação de vulnerabilidades para evolução, revisão do modelo de negócios e estratégia, realinhamento organizacional, alinhamento de recursos para suportar a mudança e, sobretudo, para sua implementação bem-sucedida.

QUAL O MOMENTO CERTO PARA UMA TRANSFORMAÇÃO ESTRATÉGICA?

O momento certo para desenvolver uma estratégia de mudança não é quando sua empresa está diante de uma crise de lucratividade, ou crise de liquidez ou mesmo crise de solvência, mas quando ela está experimentando uma crise de estratégia.

Parece óbvio, mas é bastante comum encontrar empresas se desviando de sua estratégia, entregando um resultado medíocre em relação à sua ambição; na verdade, elas não percebem que estão realmente passando por uma crise de estratégia. A falta de estratégia também pode ser considerada uma crise de estratégia. Ainda hoje, existem muitas empresas que operam sem estratégia, simplesmente porque o resultado satisfaz as

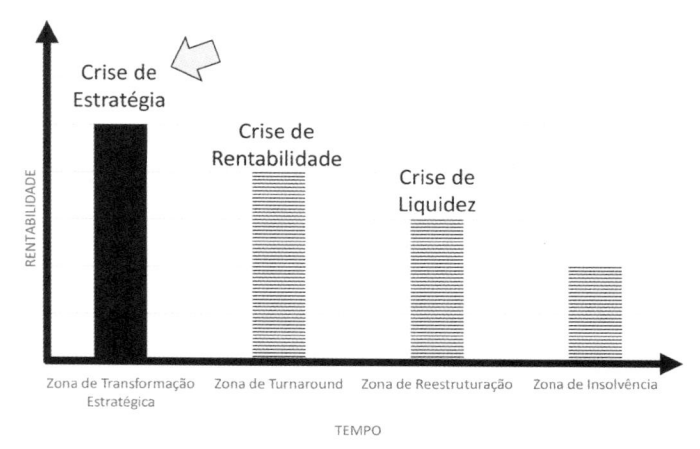

Zona de transformação estratégica

Fonte: Figura adaptada pelo autor a partir de FAESTE, L.; HEMERLING, J. *Delivering and Sustaining Breakthrough Performance,* The Boston Consulting Group, Inc. 2016.

expectativas mínimas. Nesse caso, o problema pode não ser o que está sendo entregue, mas o que se deixa de entregar por falta de estratégia.

É importante conhecer os diferentes tipos de transformação estratégica e você descobrirá que muitas empresas normalmente conduzem várias mudanças ao mesmo tempo.

QUAIS SÃO OS DIFERENTES TIPOS DE TRANSFORMAÇÃO NAS ORGANIZAÇÕES?

Vários tipos de mudanças podem ocorrer nas organizações. No entanto, quando pensamos em mudanças estratégicas, os principais tipos são: a) transformação em toda a empresa ou focada na unidade de negócios; b) transformação específica de função.

Uma transformação em toda a empresa ou focada na unidade de negócios pode ser caracterizada pelas seguintes mudanças:

- *Turnaround* ou reestruturação;
- Impulso financeiro rápido;
- Crescimento;
- Modelo de negócios;

- Digital;
- Global;
- Organizacional.

Já uma transformação específica de função é aquela que se concentra em uma área funcional específica, a saber:

- Inovação e P&D;
- Comercial;
- Operacional;
- TI;
- Funções de suporte.

As mudanças organizacionais, de impulso financeiro rápido, operacionais, de crescimento e aquelas de *turnaround* ou reestruturação são as transformações mais comuns. Cerca de 80% das empresas estão dispostas a realizar mais de um tipo de transformação ao mesmo tempo. A estrutura mínima para que ocorra uma transformação bem-sucedida considera três elementos fundamentais:

- Reorganizando para a mudança;
- Financiamento da jornada de mudança;
- Vencendo a médio prazo (*quick wins*).

Você verá que é necessário alinhar a organização com a ambição estratégica, e saber integrar ações de curto e médio prazo, coerentes com a cultura e o propósito, para evitar falhas na execução de sua transformação estratégica.

POR QUE OS EXECUTIVOS FALHAM
AO EXECUTAR A TRANSFORMAÇÃO ESTRATÉGICA?

Transformar uma organização de boa em ótima exige exceder os padrões operacionais e culturais estabelecidos. Requer domínio para identificar pontos problemáticos que impedem a evolução dos negócios, desenvolver seu plano de mudança transformacional, revisar sua estratégia e modelo de negócios, estabelecer realinhamento organizacional e colocar os recursos certos para apoiar a mudança, garantindo uma implementação bem-sucedida de seu plano de mudança.

Muitos executivos não conseguem executar a estratégia transformacional porque estão muito focados internamente. Cerca de 2/3 das estratégias bem projetadas falham devido à má execução. Mais da metade dos executivos não estão preparados para os desafios estratégicos que enfrentam quando são nomeados para cargos de liderança sênior, e as falhas nos primeiros 18 meses após a promoção ou contratação ocorrem na mesma proporção.

Há também aquelas organizações com cultura de dono, onde os executivos ocupam uma espécie de "cargos de marionete". Por mais que estejam preparados para liderar uma transformação estratégica de sucesso, enfrentam severas restrições dos sócios, que muitas vezes não oferecem autonomia ou não se entendem.

Nomear tantos líderes despreparados para funções diretamente responsáveis por projetar e executar a estratégia transformacional, ou restringir a capacidade de agir sobre aqueles que estão preparados, só aumenta o risco de falha na execução.

O PAPEL DA LIDERANÇA SÊNIOR NO SUCESSO DA TRANSFORMAÇÃO ESTRATÉGICA

O despreparo é um dos principais fatores que causam o baixo desempenho na execução de uma transformação estratégica. Mas personalidades individuais (egos), competição interna, estrutura de equipe e falta de clareza de propósito também levam ao fracasso em impulsionar a mudança estratégica.

Veremos mais adiante que são várias as armadilhas que se apresentam a líderes despreparados; entre elas, definir ambições muito baixas ou muito altas, focar apenas na redução de pessoal, não medir e monitorar o progresso etc. O sucesso de uma transformação estratégica depende muito da comunicação e do engajamento das partes interessadas e, portanto, o envolvimento da liderança sênior é extremamente importante. Transformar da maneira errada acaba sendo pior do que não transformar, pois reduz a credibilidade e a legitimidade do líder de mudança.

O papel do líder transformacional

A má liderança impacta a cultura, que impacta o desempenho. Transformar errado é pior do que não transformar, e por isso é fundamental contar na empresa com a experiência de executivos que carregam consigo um estilo de liderança transformacional. Os líderes transformacionais incentivam, inspiram e motivam equipes, inovam e impulsionam mudanças e envolvem efetivamente todas as partes interessadas. Eles sabem equilibrar inclusão com direção, o que é essencial para mover a organização de forma rápida e assertiva em direção ao plano de mudança.

No entanto, é indispensável que eles possam contar com toda a liderança da organização, além de possuir o RH como aliado estratégico para a transformação; e aqui reside um problema crônico em muitas organizações, pois muitos líderes, para concentrar o poder decisório, acabaram transformando seu RH em uma área apenas de apoio operacional.

O papel do orquestrador

Atualmente, as estratégias de mudança acabam incorporando alguma transformação digital. Uma das principais armadilhas da transformação digital é quando ela gira em torno da tecnologia, e não em torno dos negócios ou das pessoas e suas experiências. Nesses casos, é importante o papel do orquestrador ou CTO (*Chief Transformation Officer*), responsável por apoiar o negócio da organização, utilizando as tecnologias mais aderentes, mas promovendo, implementando e comunicando uma cultura digital, e realizando com sucesso a transformação digital estratégica baseada na experiência humana.

Muitas organizações não adotam a figura do orquestrador; é quando o CEO prefere contratar consultores para liderar a jornada de transformação digital. O principal problema geralmente enfrentado nessa situação é que, se, de um lado, o CEO não entende de transformação digital, de outro, o consultor não detém a legitimidade da liderança da equipe, contribuindo com o potencial fracasso de sua experiência de implementação da transformação digital em sua organização.

O papel do CEO

Uma transformação estratégica, digital ou não, precisa criar valor para o cliente, seu modelo de negócios e estratégia. Deve ser precisa, realista, inclusiva, sucinta e mensurável. A transformação estratégica baseada em silos não funcionará. A transformação eficaz deve ser conectada e orquestrada ao nível do conselho consultivo ou de administração e da equipe de liderança sênior, que precisam apoiar ativamente a mudança estratégica em todos os níveis. No entanto, veremos que a liderança sênior e o envolvimento das partes interessadas não são suficientes para uma transformação estratégica bem-sucedida.

OS PRINCIPAIS PASSOS PARA INICIAR UMA TRANSFORMAÇÃO ESTRATÉGICA BEM-SUCEDIDA

A comunicação e o engajamento das partes interessadas são fundamentais para o sucesso de uma transformação estratégica, mas não o suficiente.

Devemos fazer a seguinte pergunta: o que empresas como Compaq, ToysR'Us, Pan Am, Blockbuster, Polaroid e Kodak têm em comum? Elas reagiram às mudanças quando a situação já estava fora de controle.

Portanto, esses casos de fracasso nos ensinam o primeiro passo para iniciar uma transformação estratégica bem-sucedida: precisamos aceitar que ela deve ser planejada quando há crise de estratégia, e não quando já estiver instalada uma crise de lucratividade, liquidez ou solvência.

O segundo passo para iniciar uma transformação estratégica bem-sucedida é ver a mudança como um processo contínuo, e que o processo de mudança estratégica não termina em um ciclo: muito antes de um ciclo terminar, outro deve estar começando.

E o terceiro passo é aceitar que haverá resistência à mudança. A resistência à mudança é o maior obstáculo para o líder de mudança experiente: 50% a 75% das estratégias de mudança falham devido à resistência. A resistência à mudança tem um efeito prejudicial, mesmo que a ideia seja valiosa, pois os humanos são criaturas de hábito e têm medo de perder o controle.

O último passo, mas certamente o mais importante, é reconhecer que uma transformação bem-sucedida requer uma abordagem estruturada e integrada com certeza de execução, organização envolvida, gestão do engajamento das partes interessadas, líderes qualificados, gestão de projetos (PMO) e governança.

Isso significa que a implementação bem-sucedida depende de muitos fatores, incluindo a formação de um comitê de mudança, um bom plano de comunicação com as principais partes interessadas e um bom mecanismo de monitoramento e controle.

Mesmo líderes seniores que agem apenas por instinto e experiência falham em realizar seu plano de mudança. Fazer as coisas antes que tudo seja planejado, organizado e comunicado é um dos principais erros que os executivos cometem. Lembre-se: corrigir o curso da jornada com uma mudança já em andamento confronta a expectativa criada, e muitas vezes resulta em danos à cultura e moral da equipe, o que pode levar à redução da legitimidade da liderança e perda de talentos.

Assim, é importante destacar que o sucesso de uma transformação estratégica depende de domínio nas áreas de planejamento estratégico, estratégia organizacional, liderança em tempos de disrupção, estratégia de transformação digital, técnicas de inovação e metodologias ágeis, além da gestão estratégica de mudanças; e como todo conhecimento, ele precisa ser adquirido!

2 – Estruturação da abordagem de resolução de problemas

A IMPORTÂNCIA DE ABORDAGEM ESTRUTURADA E INTEGRADA PARA PLANEJAR UMA MUDANÇA ESTRATÉGICA

Já sabemos que o passo mais importante para iniciar uma transformação estratégica de sucesso é reconhecer que é necessária uma abordagem estruturada e integrada, com certeza de execução, organização envolvida, gestão de engajamento das partes interessadas, líderes qualificados, gestão de projetos (PMO) e governança. E aprendemos que a capacidade de gerenciar uma abordagem estruturada e integrada para liderar uma transformação estratégica bem-sucedida é uma experiência a ser adquirida.

Com isso em mente, devemos nos fazer as seguintes perguntas:

a) Por que é necessário saber estruturar a abordagem para identificar oportunidades de transformação estratégica?

b) Por que é essencial saber gerar percepções estratégicas a partir de dados?

Existe um ditado que diz: "pau que nasce torto, morre torto". Significa que, se colocarmos todos os executivos da sua empresa em torno de uma mesa, e perguntarmos qual é o principal problema da empresa em termos de desenvolvimento estratégico, ou quais são seus obstáculos ao crescimento sustentável, nem sempre haverá um consenso.

Daí a importância de uma abordagem estruturada desde o início, para começar a identificar oportunidades com base em dados, entrevistas internas e externas: uma etapa anterior ao planejamento estratégico, que irá recomendar – sem viés – as melhores iniciativas que podem ser usadas para projetar seu plano de mudança estratégica e uma transformação bem-sucedida.

É necessário saber identificar a definição e o alcance do problema, para então encontrar as posições-chave a serem enfrentadas, o que pode ser feito através do uso de diversas ferramentas e técnicas detalhadas mais adiante.

A utilização destes recursos permitirá, então, delinear a construção de um plano de trabalho, que deverá ser orientado para a realização de entrevistas internas e externas com vista à obtenção e análise de dados, de forma a definir oportunidades e permitir a recomendação de iniciativas, para o planejamento do engajamento das partes interessadas; dessa forma, você poderá obter o apoio necessário para as recomendações que orientarão a construção de seu plano estratégico de mudança.

Principais dicas para aumentar sua chance de iniciar um plano de mudança bem-sucedido

Sabemos que várias empresas faliram, mesmo sendo líderes de mercado. Uma das razões pelas quais as empresas falham é que concentram seus esforços e recursos no problema errado. Encontrar o problema certo para trabalhar não é uma tarefa simples, pois há muitas razões para não o fazer.

O roteiro estratégico de solução de problemas precisa ser levado a sério e, acima de tudo, com a mente aberta. A mente aberta para acreditar que os problemas que as empresas precisarão encarar para uma mudança sustentável não são maiores do que os problemas mais críticos que precisarão enfrentar quando a tecnologia disruptiva de novos entrantes chegar.

DESENVOLVENDO UM ROTEIRO ESTRATÉGICO DE SOLUÇÃO DE PROBLEMAS PARA APONTAR SUAS RECOMENDAÇÕES

Existem vários caminhos ou roteiros para a resolução de problemas, mas ao final, eles convergem para 5 etapas principais, conforme ilustrado a seguir:

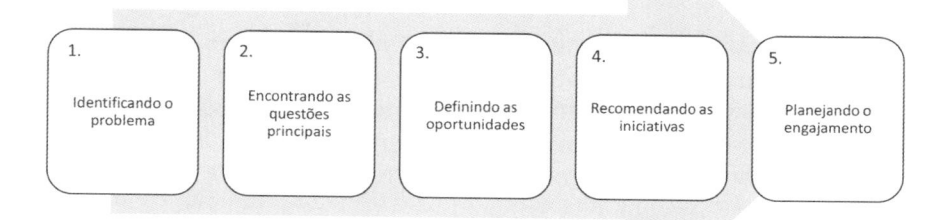

Roteiro estratégico de solução de problemas para apontar suas recomendações

Fonte: ilustração elaborada pelo autor.

Identificando o problema

O primeiro passo é saber identificar o problema a ser atacado. Para isso, é necessário definir o escopo, identificar ou definir o problema, verificar o problema, visualizar como seria o sucesso e saber escrever o enunciado do problema.

Para definir o escopo, deve-se definir os domínios que serão incluídos no espaço de solução, as restrições existentes e as partes que ficarão fora dos limites. Em seguida, analisar os antecedentes, as questões centrais, se existem hipóteses previamente consideradas e por que estão sendo abordadas agora, o que está acontecendo que é relevante, quais eventos precipitaram o engajamento e como o engajamento se encaixa na estratégia.

Visualizar o sucesso é extremamente importante na fase de identificação do problema. Devem ser consideradas questões sobre como seria se o problema fosse resolvido, quais seriam os resultados tangíveis e intangíveis, que posição tomaríamos após a resolução e em que acreditaríamos após a solução.

Para o enunciado do problema, é preciso ter clareza sobre ele. Deve revelar a lacuna entre o estado atual (problema) e o estado desejado (objetivo).

De acordo com Charles Kettering, um inventor americano do início dos anos 1900, "um problema bem formulado é um problema meio resolvido". A declaração do problema precisa ser uma questão ou hipótese discutível, no nível certo de especificidade, capaz de orientar a ação, enquadrar e focalizar o problema, não muito restrito ou amplo, e com precisão convincente.

Encontrando as questões principais

Existem várias ferramentas a serem utilizadas para encontrar as principais questões, como:

- *Brainstoming*: é um conjunto de perguntas de diagnóstico que trazem à tona questões-chave e identificam possíveis estruturas, abordagens e hipóteses a serem eliminadas ou priorizadas posteriormente.

- Árvore de problemas: é uma ferramenta de resolução de problemas que divide cada problema em perguntas e subquestões, que aparecem à medida que perguntamos: COMO? Ele captura todas as partes que compõem um problema.

- Ferramenta de priorização: define os requisitos a serem atendidos, elimina as opções que não atendem para maximizar o impacto, foca nas questões mais importantes.

- Árvore de hipóteses: organiza um problema em torno de hipóteses: adota uma abordagem mais direta, perguntando a cada priorização "POR QUÊ? ", com o objetivo de provar que todas as ramificações são "verdadeiras".

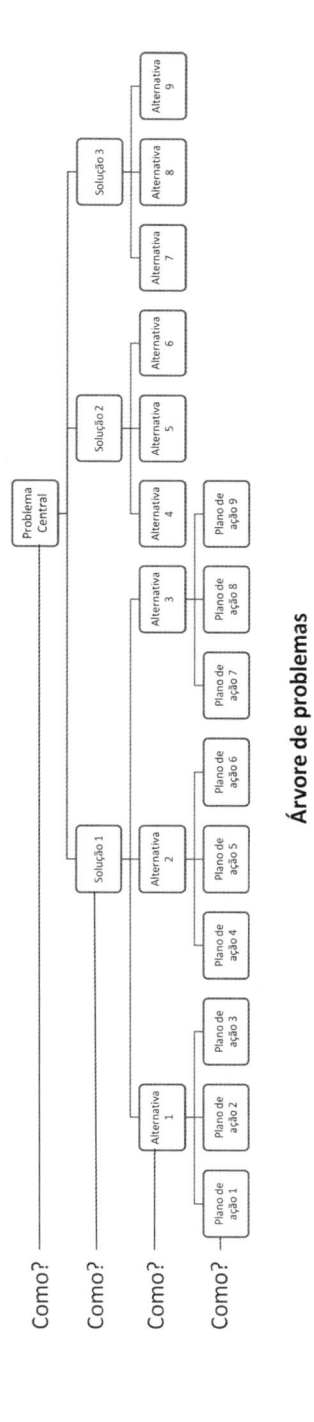

Árvore de problemas

Fonte: ilustração elaborada pelo autor.

27

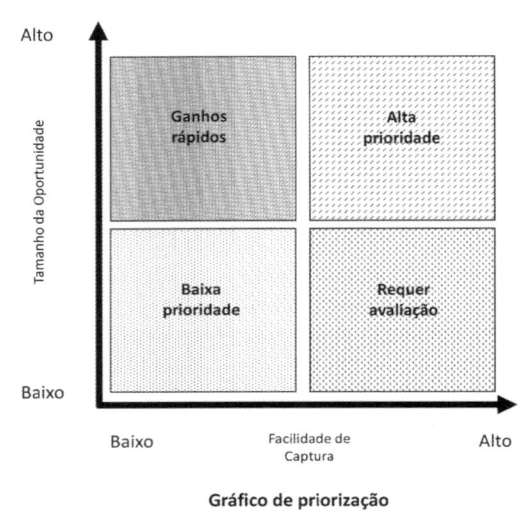

Gráfico de priorização

Fonte: ilustração elaborada pelo autor.

Não se engane, é mais do que comum encontrar empresas que preferem atacar os problemas pelo efeito, não pela causa. Uma empresa com problemas de *backlog* de produção pode optar por se concentrar no redesenho do *layout* do fluxo de produção, quando a origem do problema pode estar na previsão de vendas. E a falha na previsão de vendas pode estar ocorrendo porque a área de vendas não está seguindo o planejamento estratégico, e acaba atendendo clientes que não estão alinhados com a ambição da empresa, causando outros problemas colaterais, como perda de fluxo de caixa, por exemplo.

A vantagem de usar essas ferramentas para encontrar os principais problemas é que permite focar no que realmente importa, e não gastar energia em questões que não têm relevância para o resultado esperado da mudança estratégica.

Definindo as oportunidades

Para definir as oportunidades, é necessário construir o plano de trabalho sobre as hipóteses e prioridades levantadas; ele servirá para preparar as entrevistas internas e externas, que permitirão a coleta e análise de dados

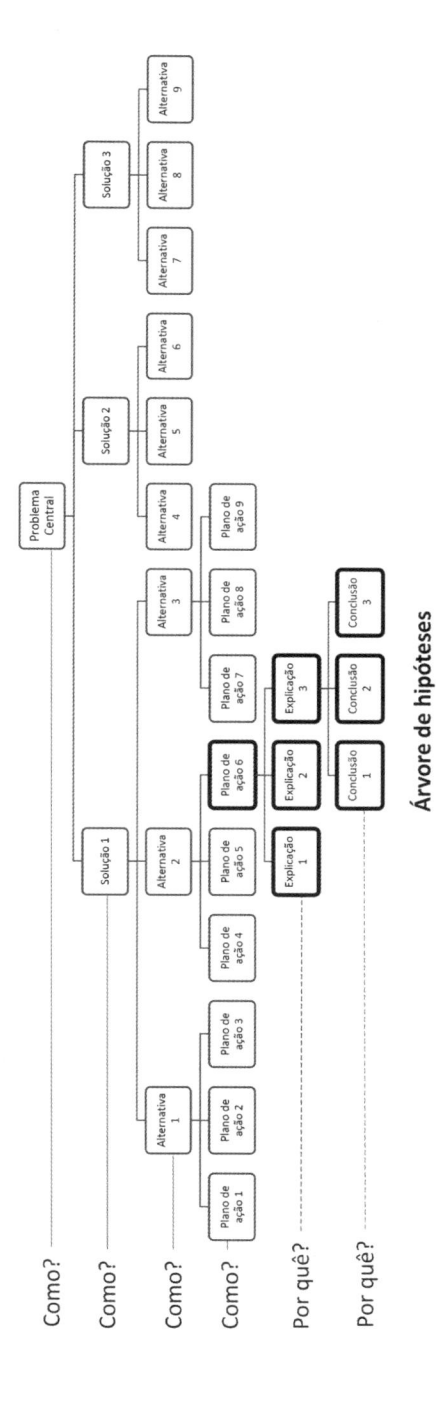

Árvore de hipóteses

Fonte: ilustração elaborada pelo autor.

e, assim, a obtenção das primeiras conclusões que servirão para preparar as recomendações do seu plano de mudança.

No plano de trabalho, para cada uma das subquestões da árvore de hipóteses, é necessário definir o trabalho a ser realizado de forma concreta, utilizando a técnica 5W2H, que utiliza as seguintes questões: o que, quem, onde, por que, quando, como e quanto.

Para obter os dados, é necessário definir quais pessoas entrevistar, aquelas que representam uma forte relação com o tema, que têm conhecimento sobre o assunto e que ocupam cargos nos níveis certos da organização. Devem ser pessoas que ofereçam credibilidade interna, um ponto de vista alternativo e que sejam imparciais. As entrevistas precisam ser internas e externas, e o entrevistador precisa saber fazer perguntas abertas, parafrasear e fazer perguntas esclarecedoras. Ferramentas como o Ghost Chart podem ser utilizadas para padronizar a abordagem a diferentes interlocutores, conforme exemplo abaixo:

	População	Frequência de Consumo	Preço médio a pagar	Total de receita
Segmento 1				
Segmento 2				
Segmento 3				
Segmento 4				

Exemplo de Ghost Chart

Fonte: ilustração elaborada pelo autor.

Para coleta de dados, recomenda-se usar uma fonte de dados ampla e não aceitar informações pelo valor de face; use dados indiretos quando os diretos não estiverem disponíveis; conecte os dados coletados ao "produto final" e obtenha aderência ao plano de análise. Para sua análise, defina o que está dentro e o que está fora, use um ceticismo saudável em dados de terceiros, separe dados tendenciosos, avalie a credibilidade da fonte, considere suposições implícitas e compare "maçãs com maçãs". Analise de cima para baixo e de baixo para cima e veja se os mesmos dados levam a conclusões diferentes.

Para definir as oportunidades, avalie a magnitude do impacto no negócio (geralmente financeiro), para que você possa formular as primeiras conclusões. Para fazer isso, triangule, ou seja, adicione outras fontes de dados que forneçam as mesmas conclusões, exercitando de cima para baixo e de baixo para cima, comparando com produtos e mercados análogos e testando a robustez com clientes ou colegas seletivos.

Recomendando as iniciativas

É preciso reconhecer que nem todas as iniciativas identificadas como oportunidades são viáveis, realistas ou alinhadas. É preciso haver o nível certo de especificidade para a ação. Questões como custos, benefícios, prazos, riscos, mitigação de riscos e relacionamento com outras prioridades devem ser consideradas; e vale a pena conhecer quais preocupações podem ser antecipadas.

Planejando o engajamento

Por fim, é importante obter o alinhamento e o engajamento necessários, ter o comprometimento das principais partes interessadas, alcançar consenso sobre questões críticas, discutir obstáculos e definir expectativas diante das restrições impostas.

Em suma, verifique e verifique novamente os problemas escolhidos. Envolva toda a organização na descoberta do problema real. Não diminua o valor de escrever uma declaração de problema. É uma ferramenta muito importante para alinhar a organização e manter todos na mesma direção. Crie um problema e uma árvore lógica para ajudar a descobrir oportunidades. Faça um plano de trabalho detalhado para cada uma das subquestões em sua árvore de hipóteses, pois isso ajuda a definir o trabalho que precisará ser feito de maneira muito concreta.

Um plano de trabalho ajuda você e sua equipe a chegarem a um ponto de alinhamento antes de dividir o trabalho entre a equipe. Planeje bem quais pessoas você entrevistará para obter informações valiosas. Faça uma lista de critérios para selecionar as pessoas certas. Certifique-se de ter planejado todas as perguntas antes do início da entrevista. Concentre-se em criar um relacionamento com os entrevistados, pois você poderá obter informações mais tarde. Faça perguntas abertas.

Ao coletar dados, tenha sempre em mente que dados não são informações. Depois que os dados forem coletados, trabalhe em sua análise para transformá-los em informação. Ao definir oportunidades, tenha a mente aberta e não mate as ideias nesta fase. Nem todas as oportunidades são viáveis, realistas ou alinhadas com a organização. Portanto, revise todas as oportunidades para escolher as mais realistas e orientadas para resultados, para se tornarem recomendações para o seu plano estratégico de mudança, seja uma transformação digital ou não. Lembre-se de que tudo o que você fizer a partir de agora estará diretamente relacionado às recomendações a serem feitas.

3 – Desenvolvimento de sua estratégia de mudança vencedora

ALINHAMENTO COM INOVAÇÃO E DISRUPÇÃO

Não é incomum encontrar um plano de mitigação de risco quando confrontado com planos de mudança estratégica. Esse é um tema importante e fundamental para que as empresas consigam mapear os riscos envolvidos e se preparar para as adversidades.

Frequentemente, é um dos últimos capítulos considerados pelos executivos em seu plano estratégico de mudança e, às vezes, eles desempenham um papel secundário em sua estratégia de mudança.

É preciso considerar o risco real de disrupção que seu negócio já sofre — ou poderá sofrer, como aconteceu com tantas outras empresas de sucesso, como Kodak, Blockbuster, Nokia, Blackberry. Para tanto, é necessário entender o que é disrupção, o que são pressões disruptivas, qual a relação entre disrupção e inovação; torna-se necessário aprender como rastrear as diferentes fontes de disrupção e que existem diferentes tipos de disrupção.

É necessário entender como ocorre o ciclo de disrupção e quais são os sinais de disrupção. É fundamental conhecer como detectar os sinais de disrupção à frente, e como se antecipar à disrupção, avaliando cenários realistas para desencadear uma transformação estratégica mais profunda.

Com tudo isso, verá que a disrupção é antes de tudo uma oportunidade, muito antes de se tornar uma ameaça, e que sua empresa deveria estar pensando em liderar uma disrupção em seus mercados, usando-a como vantagem competitiva, que é o que empresas como Ryanair, Ikea, Apple e Amazon fizeram, por exemplo.

As regras do jogo estão mudando. Iniciar seu plano de mudança estratégica analisando em profundidade como sua empresa é vulnerável à disrupção não apenas a fortalece, mas também permite avaliar como ela (a empresa) pode usar o conceito de disrupção como uma vantagem competitiva.

Mas, afinal, o que é disrupção nos negócios? Dicionários dirão que disrupção é uma quebra ou interrupção no curso normal ou na continuação de alguma atividade, processo etc. Nos negócios, é o que acontece quando líderes históricos estão tão focados em agradar seus clientes mais lucrativos que negligenciam ou julgam mal as necessidades de clientes menores ou de outros segmentos.

Há muitas pressões disruptivas vindas de todas as direções: aumento da volatilidade nos mercados, exclusão digital, aumento da regulamentação, mudanças na geopolítica, pressão dos gastos públicos, custos de fabricação, dinâmica energética, taxas de crescimento variáveis por setor e/ou por país, conflitos (guerras, protestos etc.) e, finalmente, até a pandemia. E qual o papel da inovação neste contexto? Toda inovação é uma disrupção? Por que é tão importante entender a relação entre diferentes formas de inovação e disrupção?

Principais tipos de inovação

Na verdade, nem toda inovação é disruptiva! Torna-se necessário entender que existem três tipos principais de inovação.

Segundo o professor de Harvard Clay Christensen (*The Innovator's Dilemma: When New Technologies Cause Great Firms to Fail)*, os três tipos de inovação são:

- Inovação sustentável ou incremental: oferece o melhor desempenho possível, visa os clientes mais rentáveis e exigentes e foca na melhoria ou manutenção da margem de lucro, aproveitando melhor a vantagem competitiva.

- Inovação disruptiva de baixo custo: entrega um desempenho suficientemente bom, visa clientes com excesso de serviços e usa uma nova abordagem operacional ou financeira a preços com desconto para conquistar negócios na extremidade inferior do mercado.

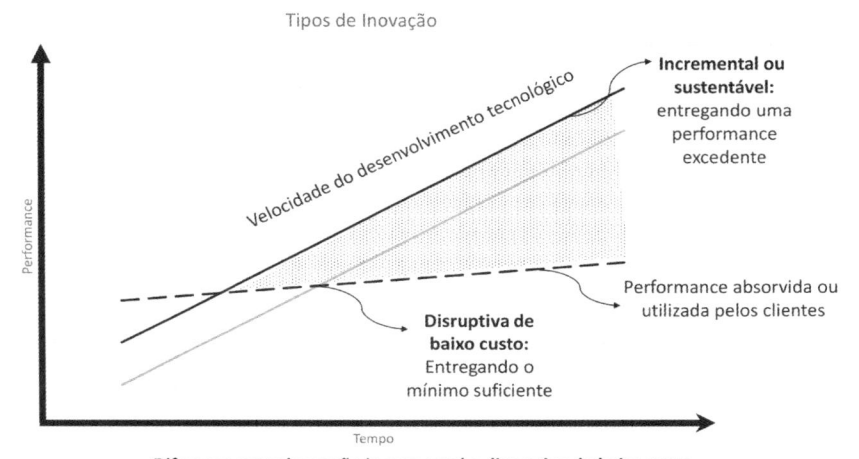

Diferença entre inovação incremental e disruptiva de baixo custo

- Inovação disruptiva de novos mercados: oferece uma nova medida de desempenho, segmenta clientes mal atendidos (que atualmente não consomem), e o modelo de negócios ganha dinheiro com preços mais baixos e menor margem bruta por unidade vendida.

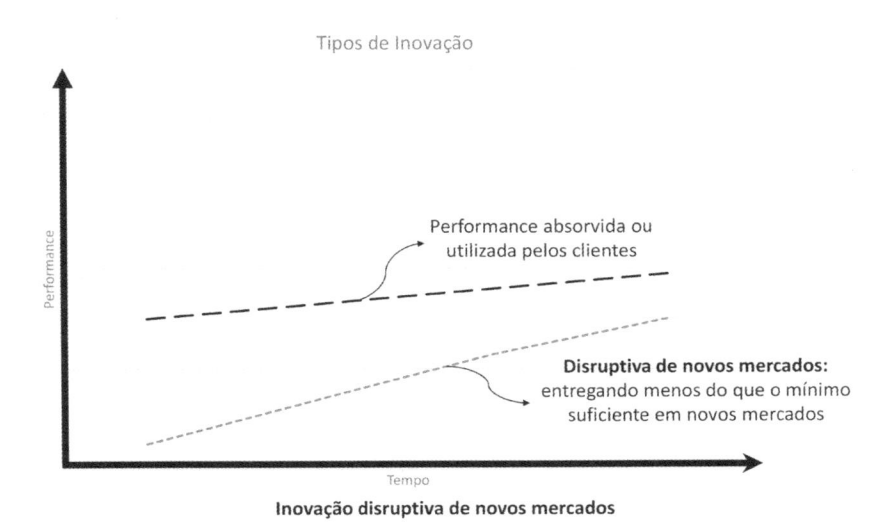

Inovação disruptiva de novos mercados

A figura abaixo[2] apresenta um mapa esquemático ilustrando os 3 tipos diferentes de inovação:

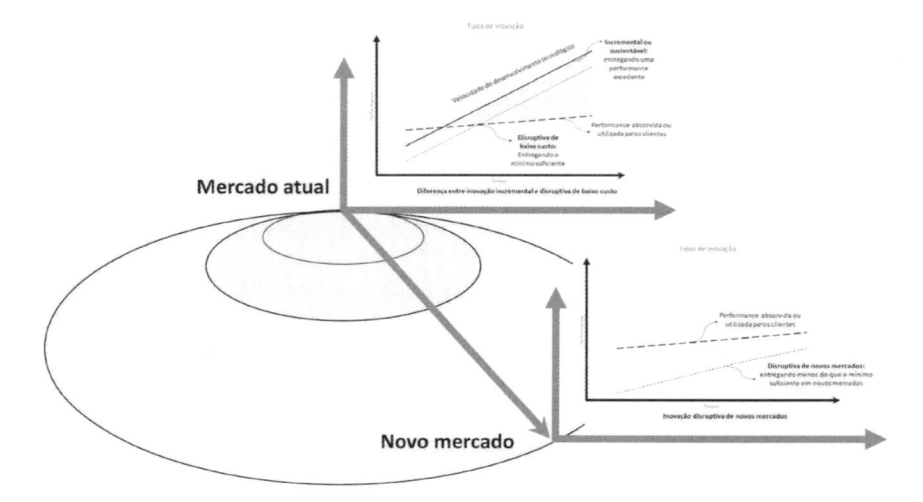

Mapa esquemático mostrando os 3 diferentes tipos de inovação

Fonte: Figura adaptada pelo autor a partir de CHRISTENSEN, C. M.;*The Innovator's Dilemma: When New Technologies Cause Great Firms to Fail (Management of Innovation and Change)*. Boston: Harvard Business Review Press, 2016.

Um exemplo de inovação sustentável é o que acontece no mercado de *smartphones*: pagamos sempre por muito mais do que realmente utilizamos. Ao contrário da inovação sustentável, as inovações disruptivas atendem às necessidades básicas de clientes com soluções fáceis, simples, acessíveis e convenientes. As inovações disruptivas abrem o mercado inexplorado de não usuários. Existem muitos exemplos centrados em plataformas digitais de inovações disruptivas como Airbnb e Uber.

É possível identificar os sinais de uma inovação disruptiva à frente? Esteja ciente de que o excesso de confiança é a primeira fase do ciclo de disrupção. Sua empresa deve ser capaz de analisar em profundidade como seu negócio está vulnerável a disrupções. Isso não apenas fortalece o seu negócio, mas permite que você avalie como usar o conceito de disrupção como uma vantagem competitiva.

Antes de entender a forma de rastrear a disrupção, recomenda-se conhecer quais são as principais fontes de disrupção:

2. Para ler melhor os textos da figura, veja as versões em formato ampliado na página anterior.

1. Alterações de regulamentação;
2. Mudanças na tecnologia;
3. Mudanças nos canais de entrega;
4. Mudanças nos regimes de tecnologia proprietária;
5. Pacotes de soluções oferecidas gratuitamente (*Bundling*);
6. Plataformas digitais emergentes;
7. Modelos de negócios fundamentalmente diferentes.

Assim, enquanto sua empresa está exposta a diferentes forças e fontes disruptivas todos os dias, você precisa estar atento às inovações disruptivas, que, como vimos, são aquelas que atendem às necessidades básicas de clientes comuns com soluções fáceis, simples, acessíveis e convenientes, abrindo o inexplorado mercado de usuários.

Como rastrear as inovações disruptivas que podem afetar seus negócios

É fundamental que sua empresa crie a disciplina certa para rastrear como essas inovações disruptivas podem afetar seus negócios. A melhor maneira de detectar a disrupção precoce em seu setor é estudar os clientes que pararam de usar seus produtos ou serviços, bem como os clientes que nunca os compraram.

Rastreando a disrupção

Fonte: ilustração elaborada pelo autor.

Essas empresas fornecerão sinais de que seu negócio pode estar à beira da disrupção. No entanto, você também deve se conectar com incubadoras de *startups*, onde muitas empresas de capital de risco estão constantemente à procura de novas ideias para investir e escalar rapidamente. Outra dica é deixar definitivamente de ver sua empresa como pertencente a um setor: comece a mapear seu ecossistema.

Ciclo de disrupção

Afinal, como ocorre o ciclo de disrupção? Uma coisa é certa: a disrupção não acontece da noite para o dia. O ciclo de disrupção ocorre através destas cinco etapas:

1. Líderes excedem as necessidades de alguns segmentos e ignoram as necessidades de outros;

2. Novos entrantes disruptivos visam esses segmentos de clientes negligenciados, oferecendo melhor funcionalidade e preços mais baixos;

3. Líderes buscam maior rentabilidade em segmentos exigentes, e não respondem de forma agressiva;

4. Novos entrantes migram para o mercado superior, atendendo às necessidades dos clientes tradicionais dos líderes de mercado;

5. Os principais clientes dos líderes começam a adotar as ofertas dos novos participantes em volume e escala.

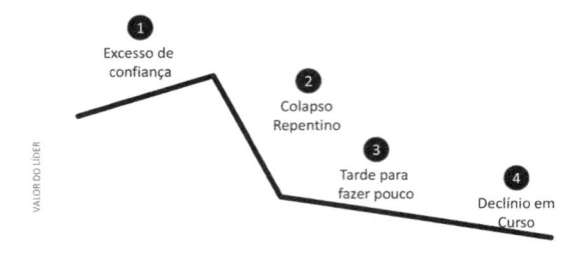

Ciclo de disrupção clássico

Fonte: Figura elaborada pelo autor a partir de CHRISTENSEN, C. M.;*The Innovator's Dilemma: When New Technologies Cause Great Firms to Fail (Management of Innovation and Change)*. Boston: Harvard Business Review Press, 2016.

O excesso de confiança é a primeira fase do ciclo de disrupção. Além de ignorar possíveis riscos de disrupção, as empresas geralmente adotam um comportamento padrão lento para avaliar e lidar com as ameaças que enfrentam. Veja o exemplo da Kodak, que levou 15 anos entre seu melhor resultado (14 de fevereiro de 1997) e a falência (19 de janeiro de 2012). Teria sido arrogância, ignorância, falta de inovação tecnológica, má gestão?

Por que as empresas tendem a ser lentas para lidar com as ameaças que enfrentam? As organizações tendem a adotar um comportamento padrão lento para avaliar e lidar com as ameaças que enfrentam principalmente devido ao excesso de confiança. Mas há algo ainda mais recorrente do que isso. Primeiro, é preciso entender o conceito de "custos irrecuperáveis": eles representam dinheiro, tempo ou esforço que já foram gastos e não podem ser recuperados. Assim, a razão pela qual as empresas tendem a adotar um comportamento de reação lento para lidar com as ameaças que enfrentam se deve à chamada "falácia do custo irrecuperável". Acontece que fazem falsas premissas, como continuar operando fábricas obsoletas ou produzindo produtos desatualizados apenas para não perder o alto valor investido nesses ativos. A verdade é que continuar a gerir estas fábricas e/ou a produzir estes produtos cria um viés anti-inovação e antirrenovação, e esta é a explicação para a Kodak ter demorado 15 anos entre o seu melhor resultado e a sua falência.

Dada a velocidade das mudanças, as empresas precisam cultivar o hábito de admitir seus erros. Como líder de mudança, você precisa aprender a fazer esta pergunta: se o passado não existisse e se sua empresa estivesse começando agora, o que você faria? Portanto, a melhor maneira de avaliar o investimento em mudança transformacional não é comparar o fluxo de caixa projetado de uma inovação com o daquele de onde sua empresa se encontra hoje, mas, sim, com o fluxo de caixa que provavelmente resultará por não ter feito nada, depois de algum tempo.

Com tudo isso, podemos ver um padrão de repetição que define as marcas da disrupção. Mas o que seriam as marcas da disrupção?

As marcas da disrupção

Um padrão de disrupção sempre acaba se repetindo, embora possa ocorrer por diferentes motivos ou formas. Portanto, é necessário entender quais são as características da disrupção.

- Uma nova tecnologia não é inerentemente disruptiva simplesmente porque é nova; vai depender muito do modelo de negócio; e sobre como ele gera e captura valor;
- Os líderes geralmente vencem batalhas de inovação sustentável;
- Os novos participantes em geral vencem batalhas de inovação disruptiva, na medida em que navegam facilmente por mudanças disruptivas;
- A disrupção precisa ser vista como uma oportunidade, muito antes de se tornar uma ameaça; seu plano estratégico de mudança precisa ser baseado em uma avaliação que considera inclusive os riscos de causar a disrupção em seu próprio negócio;
- Uma organização não pode causar sua própria disrupção; muitas empresas querem investir em *startups* ou fusões e aquisições e descobrem que acabaram atrapalhando seu negócio principal.

Sendo assim, os modelos de negócios disruptivos devem ser separados do negócio principal; outra razão para isso é que a cultura do negócio principal muitas vezes sufoca a cultura de modelos de negócios inovadores, ou até o próprio DNA da empresa recém-criada ou adquirida.

Comece a inovar hoje — mesmo quando seu negócio principal é forte. Como vimos, o melhor momento para investir em uma estratégia de mudança é quando sua empresa está em crise de estratégia, não quando já está em crise financeira, de liquidez ou de solvência.

COMO FICAR À FRENTE DA EXCLUSÃO DIGITAL?

A quarta revolução industrial já começou. E é possível aventurar-se a dizer que a humanidade não faz ideia da rapidez com que o mundo está mudando. A falta de digitalização já tirou 50% das empresas da *Fortune 500* nos últimos anos. A velocidade é a nova moeda nos negócios, e as empresas unicórnio vão de zero a bilhões de dólares antes mesmo de completarem seu primeiro aniversário.

As vagas de emprego já são disputadas com *softwares* e robôs. Máquinas analisam e identificam tumores com mais precisão e rapidez do que os especialistas. Carros já são impressos em 3D, *drones* pilotados já estão sobrevoando alguns países e em breve teremos táxis aéreos autônomos. O avanço da tecnologia digital pavimentou a exploração do turismo espacial, e logo teremos o início da construção do primeiro hotel espacial do mundo.

Empresas como Facebook, Google e SpaceX trabalham para levar a internet ao redor do mundo. Já somos 2 bilhões de pessoas conectadas e em breve seremos 8 bilhões; isso significa que seremos 6 bilhões de novas mentes, ideias e possibilidades interligadas, e você conhece o poder das mídias sociais: democratizam a informação e incentivam a transparência e a ética, trazendo desafios nunca antes medidos na economia e na política.

Imagine carros, aviões, *drones*, marca-passos, todos interconectados e hackeáveis. Com o advento da tecnologia 5G e da Internet de Todas as Coisas, em 2015, éramos 15 bilhões de dispositivos conectados; em 2020, éramos 50 bilhões de dispositivos e 1 trilhão de sensores interligados; até 2030, haverá mais de 500 bilhões de dispositivos e 100 trilhões de sensores interconectados, espalhados pelo mundo e até mesmo em seu corpo.

A digitalização é uma disrupção que afeta a experiência humana

Quando a transformação estratégica da sua organização é de natureza digital, a taxa de falha de execução é ainda maior. Cerca de 95% ou mais das iniciativas falham. Por que isso acontece? Muitas vezes, o CEO e a liderança sênior têm pouca experiência no universo digital e não têm legitimidade para liderar uma transformação digital em uma organização complexa. Assim, contratam consultores, que, por um lado, dominam a transformação digital, mas, por outro, não têm legitimidade para liderar mudanças em uma organização.

Além disso, a digitalização das empresas é uma disrupção que afeta a experiência humana. E o foco geralmente está na tecnologia, enquanto deveria estar no desempenho dos negócios e na experiência do usuário. É comum a falta de clareza sobre o desempenho esperado. Portanto, a falha na implementação também é resultado de uma execução despreparada, daí a importância de aprender a fazer certo na primeira vez.

Por tudo isso, verifica-se que a transformação digital estratégica em escala não respeita nenhuma das fronteiras organizacionais tradicionais que criamos. A maioria das empresas não entende completamente o problema que enfrenta. A abordagem precisa ir além do "gerenciamento de mudanças" e precisa se mover para a "zona de orquestração". As empresas precisam de habilidades específicas de orquestração para ter a chance de se transformar com sucesso.

É importante desenvolver as ferramentas certas para entregar a transformação digital estratégica. Uma receita certa para o fracasso na transformação digital estratégica é criar um programa de gerenciamento de mudanças que gire em torno da tecnologia, e não dos negócios, pessoas e suas experiências. Toda inovação começa a fazer sentido se for focada nas pessoas e em suas expectativas. A transformação estratégica digital torna-se mais do que um chavão se criar uma grande experiência humana para todas as partes envolvidas no processo de mudança. Todo o resto – dos processos à tecnologia, estratégia digital, comunicação e alinhamento – deve ser considerado como subproduto de uma estratégia de digitalização – que depende da experiência humana.

Então, como você se mantém à frente da disrupção digital? Se tecnologia é poder, quais são as dicas para sua empresa evitar a exclusão digital:

- Mantenha a identidade flexível para o seu negócio;
- Sempre encontre uma nova base como vantagem competitiva;
- Transicione, sempre que possível, para um novo modelo de negócios;
- Não deixe sua empresa depender de grandes clientes;
- Faça uso de modelos financeiros precisos e cálculos de custo de oportunidade que sejam tão realistas quanto possível;
- Garanta o apoio adequado dos investidores;
- Invista em segurança cibernética;
- Concentre-se onde o valor está sendo adicionado.

Por último, mas não menos importante: nunca considere sua estratégia a "estratégia certa"; se você for bem-sucedido – então você temporariamente tem uma boa estratégia. Mas, como construir uma barreira protetora em torno de seu negócio para permitir que ele desfrute de prosperidade por mais tempo?

DESCOBRINDO A TEORIA DOS "TRABALHOS A SEREM FEITOS"

Um dos conceitos mais interessantes desenvolvidos pelo professor de Harvard Clay Christensen foi a teoria dos "trabalhos a serem feitos". Essa é uma lição muito relevante, principalmente quando trabalhamos no setor de serviços. Os clientes nem sempre sabem expressar com clareza o que realmente precisam, o que querem resolver.

Segundo Clay, em seu livro *Competing against Luck: The Story of Innovation and Customer Choice*, um "trabalho a ser feito" é um problema que uma pessoa está tentando resolver. Além disso, os clientes não compram produtos ou serviços; eles os "contratam" para fazer um "trabalho a ser feito". Adotar uma perspectiva de "trabalho a ser feito" é focar no fator motivador do cliente para comprar um produto ou serviço, ao invés de depender de atributos (como idade, sexo ou renda) que são meramente correlacionados com o comportamento de compra.

Lembre-se de que produtos e tecnologias vêm e vão, mas o "trabalho a ser feito" persiste ao longo do tempo.A maneira mais rápida de viajar na Roma antiga era pelo revezamento de cavalos chamado *Cursus publicus*, que também era um serviço postal; era semelhante ao Poney Express de 1800 nos EUA, usado para transportar funcionários do governo (oficiais militares, magistrados etc.); ambos hoje se comparam ao uso de aviões, também utilizados para serviços de correio expresso. Apesar de utilizar tecnologias completamente diferentes, nota-se que o "trabalho a ser feito" persistiu ao longo do tempo.

Empresas integradas em torno de um "trabalho a ser feito" podem alcançar a diferenciação de mercado e evitar disrupções. Para isso, você deve buscar integrar os "trabalhos a serem feitos" com a experiência do cliente e o propósito da sua marca; fazer com que o cliente sinta que, ao contratar sua marca, ele está resolvendo imediatamente um "trabalho a ser feito". Identifique e construa sua estratégia em torno dos "trabalhos a serem feitos". Isso cria uma barreira de entrada contra sua empresa. As empresas que constroem sua estratégia em torno de "trabalhos a serem feitos" navegam por mais tempo onde está o valor real.

Veja a seguir algumas ideias para descobrir os "trabalhos a serem feitos" em sua organização:

- Reflita profundamente sobre experiências pessoais;

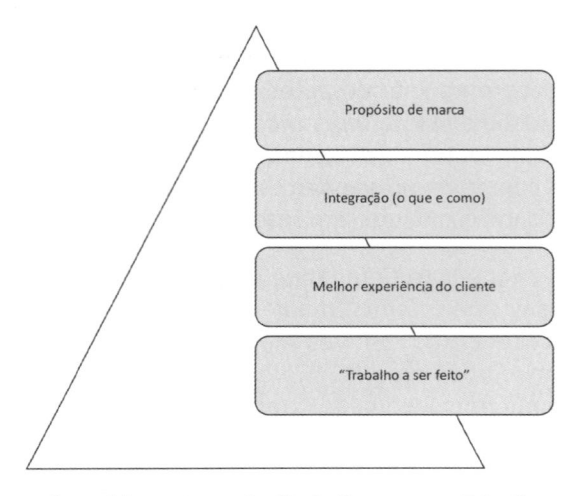

Estratégia em torno dos "trabalhos a serem feitos"

Fonte: Figura adaptada pelo autor a partir de CHRISTENSEN, Clayton M.; DILLON, Karen; HALL, Taddy; DUNCAN, David S. *Competing against Luck: The Story of Innovation and Customer Choice.* Nova York: Harper Business, 2016.

- Olhe para os clientes atuais;
- Descubra por que antigos clientes pararam de comprar;
- Identifique os "comportamentos compensatórios" que os clientes usam para "fazer o trabalho", normalmente quando não estão sendo bem atendidos por seus produtos ou serviços, ou por seus concorrentes.

Diante disso, é necessário avaliar as principais mudanças observadas na última década em sua organização, e saber diferenciá-las dos "trabalhos a serem feitos", que, como vimos, persistem ao longo do tempo.

A IMPORTÂNCIA DE INOVAR SEU MODELO DE NEGÓCIOS

Sabemos que o "trabalho a ser feito" persiste ao longo do tempo e que as empresas integradas em torno de um "trabalho a ser feito" conseguem diferenciar-se no mercado e tendem a evitar disrupções. No entanto, saber diferenciar um "trabalho a ser feito" que persiste ao longo do tempo das muitas mudanças que ocorreram na última década em sua organização não é uma tarefa fácil.

Quais são as principais mudanças observadas na última década? As principais estão verdadeiramente associadas à mudança de foco: de empresas às parcerias e ecossistemas, de competição à "coopetição", de entrega de produtos à entrega de soluções complexas, de hierarquias às estruturas organizacionais locais e achatadas, de gestão de clientes e parceiros ao envolvimento com clientes e parceiros, de valorização de contratos a relacionamentos valiosos. Isso significa que o ambiente de negócios está cada vez mais focado nos resultados do cliente: os clientes querem uma solução, não apenas um produto ou serviço.

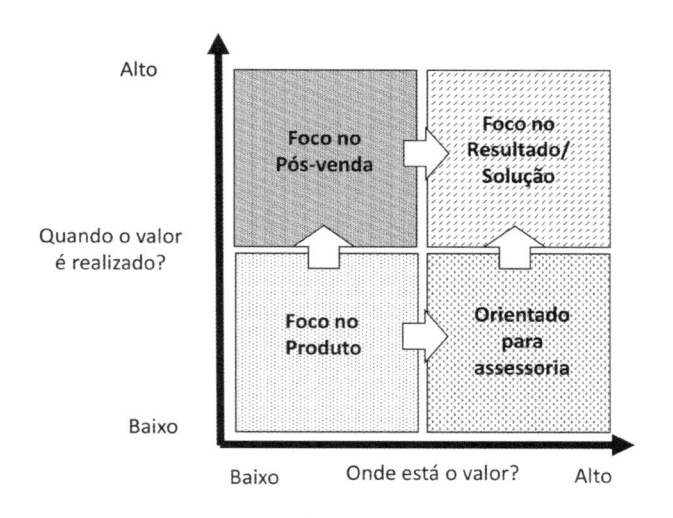

Ambiente focado em resultados

Fonte: Figura elaborada pelo autor a partir de FADER, P., TOMS, Sarah E. *The Customer Centricity Playbook: Implement a Winning Strategy Driven by Customer Lifetime Value*. Filadélfia: Wharton School Press, 2018.

E o que essas mudanças estão tentando lhe dizer? Que você precisa estar atento ao seu modelo de negócios. Sim, por todas estas razões, é fundamental destacar a importância dos modelos de negócios das organizações. Refere-se a como uma empresa cria e captura valor para um grupo de clientes. Ele descreve quem são os principais grupos de clientes da empresa, qual é a principal proposta de valor que sua empresa oferece aos seus principais grupos de clientes e como sua empresa monetiza o valor de seus clientes.

Dimensões de um modelo de negócios

Fonte: Figura elaborada pelo autor a partir de JOHNSON, M. W., *Reinvent Your Business Model: How To Seize The White Space For Transformative Growth*; Penguin, 2018.

O modelo de negócios Canvas (The Business Model Canvas) foi inicialmente proposto pelo escritor, pesquisador e empreendedor Alexander Osterwalder, em meados dos anos 2000. É uma ferramenta de planejamento estratégico útil que pode ser utilizada para projetar novos modelos de negócios. As ideias são organizadas moldando o seu negócio e determinando como você irá gerar e capturar valor no mercado; define os principais fluxos e processos, e permite uma fácil análise e visualização de como irá atuar no mercado.

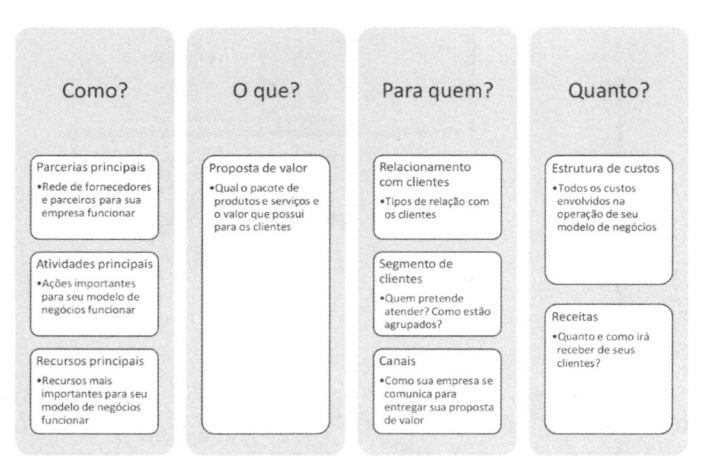

Modelo de negócios Canvas

Fonte: Figura adaptada pelo autor a partir de OSTERWALDER, Alexander. *Business Model Generation: inovação em modelos de negócios*. Rio de Janeiro: Alta Books, 2011.

Essas mudanças estão tentando lhe dizer que os modelos de negócios estão mudando como nunca antes. Curiosamente, ao desenhar a estratégia de uma empresa, se há um assunto que se torna tabu, é, justamente, a discussão sobre como inovar seu modelo de negócios. Por que é tão importante inovar seu modelo de negócios? Porque ajuda as empresas a se adaptarem ao ambiente de negócios em constante mudança, a buscarem soluções com foco em resultados, oferecendo assim um leque mais amplo de opções para melhor desempenho e crescimento sustentável.

As alavancas de inovação de seu modelo de negócio

No entanto, você sabe como inovar seu modelo de negócios? Já pensou nas diferentes alavancas de inovação do seu modelo de negócio? Veja a seguir quais são elas:

- **Tecnologia**

A tecnologia por si só não é suficiente para causar disrupção se não fornece a capacidade de gerar e capturar valor. Acompanhar as novas tecnologias com um novo modelo de negócios ajuda as empresas a criar valor por um período de tempo mais longo.

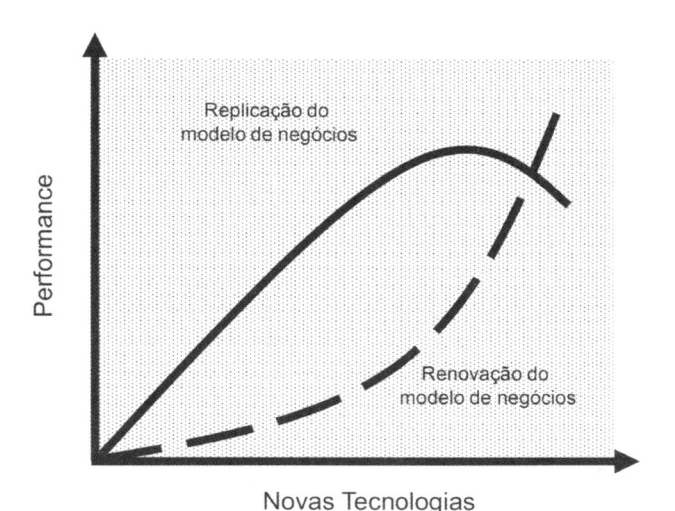

Tecnologia como alavanca de inovação do modelo de negócios

Fonte: Figura elaborada pelo autor a partir de JOHNSON, M. W., *Reinvent Your Business Model: How To Seize The White Space For Transformative Growth*; Penguin, 2018.

- **Gestão**

O modelo de gestão define como você elimina a burocracia e tenta aumentar a flexibilidade, a adaptabilidade e a rapidez do tempo de resposta às mudanças ambientais.

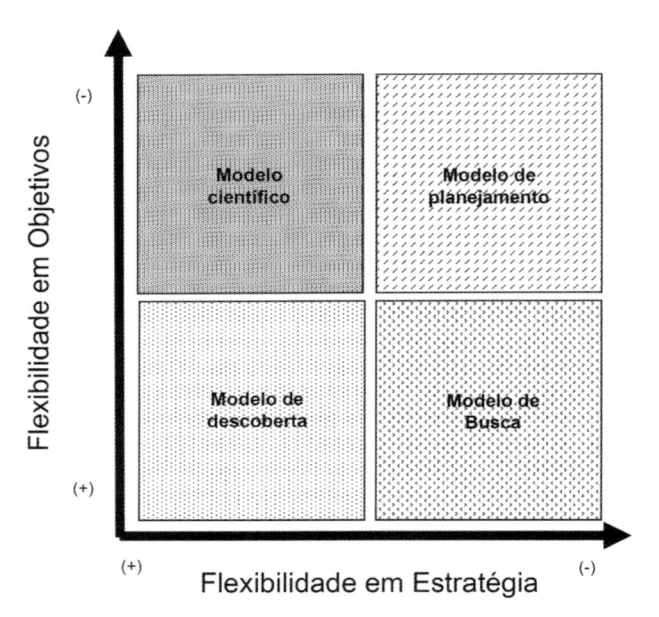

Gestão como alavanca de inovação do modelo de negócios

Fonte: Figura elaborada pelo autor a partir de JOHNSON, M. W., *Reinvent Your Business Model: How To Seize The White Space For Transformative Growth*; Penguin, 2018.

- **Organização**

Veremos no Capítulo 4 que a organização é mais uma alavanca para inovar o modelo de negócios. É por meio da organização que as empresas são capazes de articular a entrega de seu plano de mudança.

- **Cocriação**

Por meio da cocriação, sua empresa pode criar uma experiência mais rica e valiosa para sua organização e seus clientes. Um exemplo de empresa líder em cocriação é a P&G, que aprendeu a trabalhar bem com as ideias de seus fornecedores e clientes para inovar seus produtos, iniciativa conhecida como inovação aberta.

A inovação do modelo de negócios pode ser orientada para a estratégia ou para o cliente e pode ser baseada na reformulação ou mesmo na maneira como você replica seu modelo de negócios existente.

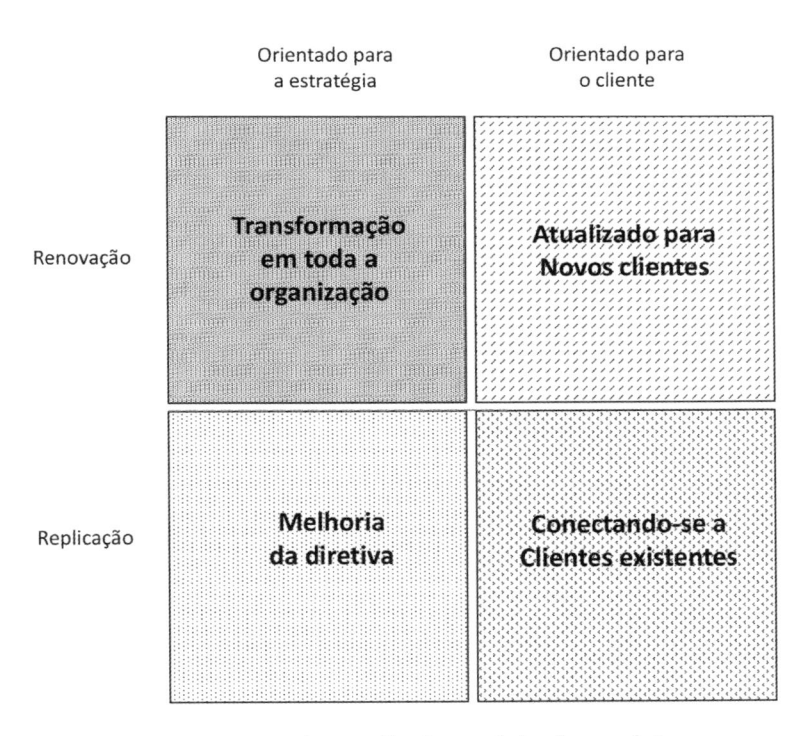

Inovação do modelo de negócios

Fonte: Figura elaborada pelo autor a partir de JOHNSON, M. W., *Reinvent Your Business Model: How To Seize The White Space For Transformative Growth*; Penguin, 2018.

As empresas que renovam demais seu modelo de negócios podem destruir seu negócio atual. Por outro lado, as empresas que focam apenas na replicação de seu modelo de negócios não criam perspectivas futuras e vão declinar com o tempo. Portanto, as organizações precisam adotar um perfil ambidestro.

A inovação do modelo de negócios começa com liderança e conhecimento profundo de sua própria organização. A composição da equipe de gestão deve ser suficientemente diversificada. Os gerentes devem se concentrar nos sinais de alerta, além do desempenho financeiro. Sua empresa deve se concentrar em várias alavancas de modelo de negócios ao mesmo tempo e adotar uma abordagem integrada. Em última análise, a inovação bem-sucedida do modelo de negócios depende de uma comunicação consistente.

Ainda assim, quando falamos em inovação de modelo de negócios, devemos abandonar o conceito de indústria e começar a usar o conceito de ecossistema. Mas você sabe o que é um ecossistema? Por que devemos adotar uma abordagem ecossistêmica? Você sabe como mapear seu ecossistema?

ABORDAGEM DE ECOSSISTEMAS: MAPEANDO O SEU POTENCIAL DE NEGÓCIOS E INOVAÇÃO

Ecossistemas são comunidades dinâmicas e coevolutivas de organizações, clientes, concorrentes, fornecedores, produtores, financiadores, associações comerciais, órgãos reguladores, sindicatos, instituições governamentais e paragovernamentais e outros, que criam e capturam valor por meio da colaboração e da competição. O ponto-chave é que uma empresa não é vista como parte de um único setor, mas como parte de um ecossistema de negócios que atravessa vários setores.

A vantagem da visão de ecossistema é que ela permite que você tenha uma mentalidade diferente sobre como administrar o negócio, como criar uma proposta de valor, como criar valor para seus clientes e como imaginar, identificar e criar conexões estratégicas. A figura a seguir apresenta o ecossistema esquemático da Apple: fica claro que indústria é um conceito inútil para entender a vantagem competitiva da Apple, por exemplo.

São nove os passos necessários para que sua empresa possa mapear o potencial de negócios e inovação no ecossistema em que participa:

1. Definindo quem é o cliente final;
2. Identificando quem são os membros do seu ecossistema;

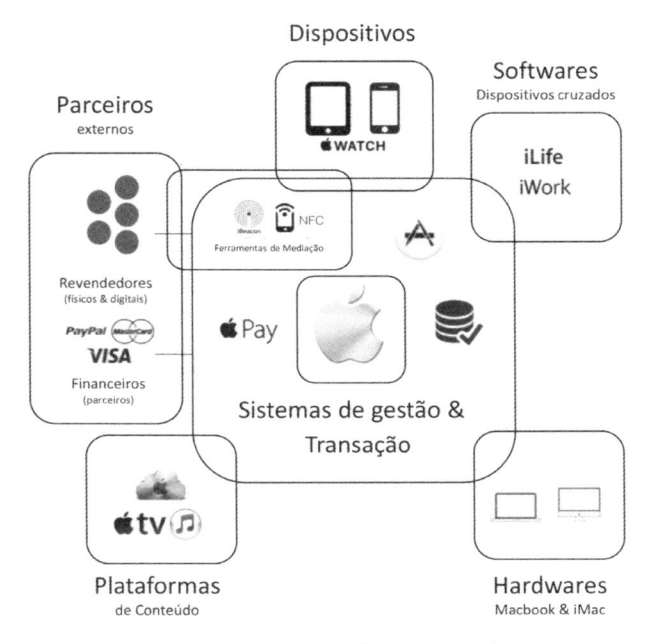

Ecossistema esquemático da Apple

Fonte: Figura adaptada pelo autor a partir de envoyinsight.com

3. Agrupando membros em *clusters*;

4. Formando *links* e conexões;

5. Priorizando conexões de alto valor;

6. Identificando quais são suas propostas de valor;

7. Determinando o valor de troca;

8. Criando inovações no ecossistema;

9. Avaliando e adaptando-se às inovações.

DEFININDO SUA DECLARAÇÃO ESTRATÉGICA

Quando pensamos em estratégia, o que vem à sua mente? A estratégia não é um plano de alto nível para atingir uma meta e métricas gerais, mas deve ser vista como uma alavanca para a mudança. Para sustentar o conceito de estratégia, é necessário compreender o conceito dos 4Ps da estratégia:

- Plano: o que estamos tentando realizar?
- Padrão: como entregaremos?
- Posição: onde vamos trabalhar?
- Perspectiva: entendemos o contexto e o mundo ao nosso redor?

Conhecendo as nuances da estratégia

Será ainda mais relevante entender bem quais são as nuances da estratégia: existem outras características que se somam aos 4Ps da estratégia, que formam as nuances da estratégia. Uma estratégia precisa ser Multinível, em que todos são importantes na sua organização. Ela precisa ser dinâmica, estar em constante mudança. Precisa ser parcimoniosa, pois deve considerar o conjunto mais simples de opções para orientar nossas escolhas. O conceito de posição é relevante, pois você precisa traçar uma vantagem competitiva definida para uma posição específica no mercado e no tempo. Deve oferecer *trade-offs* (pontos de equilíbrio), evitando sobrecarregar a organização; finalmente, deve preservar a flexibilidade futura, o que significa não limitar as oportunidades futuras.

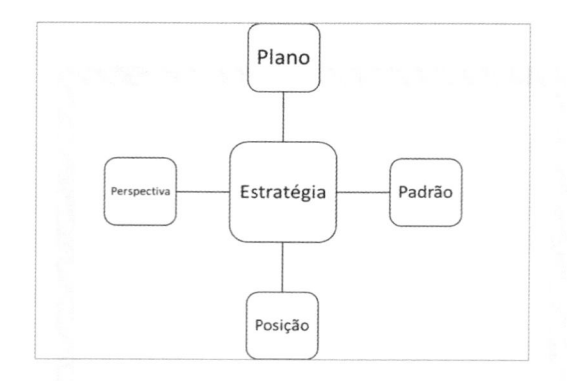

Multi-nível

Dinâmica

Parcimônia

Posição

Trade-off

Preservação da flexibilidade futura

As Nuances da Estratégia

Fonte: Figura elaborada pelo autor a partir de PORTER, M.E., *Estratégia Competitiva - Técnicas Para Análise de Indústrias e da Concorrência*; GEN Atlas; 1ª edição (18 abril 2005).

Escrevendo sua declaração estratégica

Os elementos-chave de uma declaração estratégica são: meta, escopo e lógica. A meta determina o ponto final de sua estratégia. Deve ser tangível, específica e mensurável, e deve ter um ponto final. O escopo estipula claramente para onde os esforços da organização nos levarão. Ele garante que sua organização chegue aonde precisa estar. A lógica define o que sua organização fará de maneira diferente e melhor. Define a singularidade de sua estratégia e a natureza de sua vantagem competitiva.

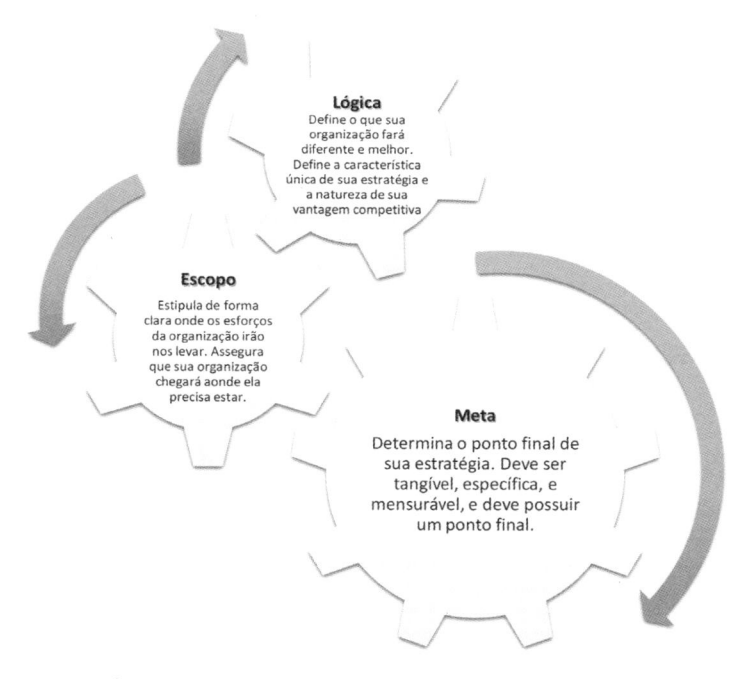

Elementos chaves de uma declaração estratégica

Fonte: Figura elaborada pelo autor a partir de PORTER, M.E., *Estratégia Competitiva - Técnicas Para Análise de Indústrias e da Concorrência*; GEN Atlas; 1ª edição (18 abril 2005).

Fica claro através desses conceitos a importância de escrever uma declaração estratégica, que precisa ser simples, clara e, mais importante, autorrealizável. Isso significa que, ao definir a declaração de estratégia da sua empresa, você precisa deixar claro para todos dentro de sua organização quais são a meta (M), o escopo (E) e a lógica (L) que farão com que todos, trabalhando juntos, entreguem a ambição desenhada. Veja abaixo um exemplo do que poderia ser considerada a declaração estratégica da fabricante de canetas Bic:

- *"A estratégia da Bic é ser (M) líder em participação de mercado (E) no mercado global de canetas baratas, (L) produzindo e comercializando em massa canetas confiáveis, de baixo custo e descartáveis."*

Uma das formas mais simples de sustentar a lógica necessária para atingir a meta dentro do escopo proposto é por meio do uso do conceito da roda-gigante. Através do "exercício da roda-gigante", são definidos os comportamentos que darão suporte a cada uma das lógicas específicas, e o conjunto desses comportamentos representa os pilares de sustentação para que sua ambição estratégica seja alcançada.

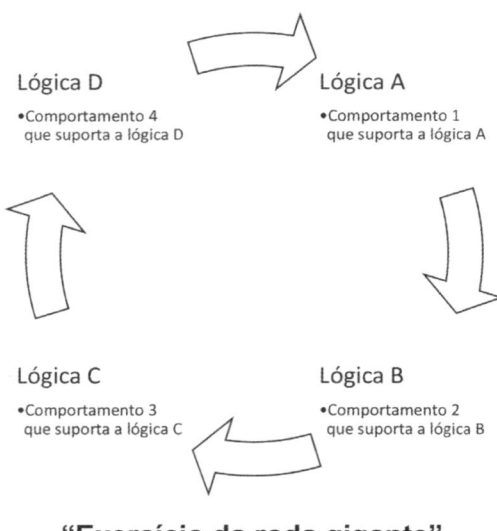

"Exercício da roda gigante"

Fonte: Figura elaborada pelo autor a partir de COLLINS, J.; *Turning the Flywheel: A Monograph to Accompany Good to Great*; Harper Business; Illustrated edição (26 fevereiro 2019).

No exemplo das canetas Bic acima, devemos nos concentrar nos comportamentos que levarão à lógica para obter canetas confiáveis, à lógica para obter canetas de baixo custo e à lógica para obter canetas descartáveis.

Dessas lógicas, surgirão os comportamentos ou o plano tático de implementação.

Vale notar que, nem sempre estaremos diante de uma única opção de estratégia. Veremos mais à frente o que fazer quando estamos diante de soluções múltiplas para o plano integrado de mudança.

DEFININDO SEU PLANO DE IMPLEMENTAÇÃO EFICAZ

Depois de todos esses passos, agora vamos conhecer as dimensões da transformação estratégica que precisam ser consideradas em seu plano estratégico de mudança.

As dimensões da transformação estratégica

Antes de finalizar seu rascunho do plano estratégico de mudança, você precisa trabalhar nas duas dimensões da transformação estratégica que permitem a criação de valor forte e sustentável: financiar a jornada de transformação e vencer no médio prazo.

Sim, o objetivo é que sua estratégia de mudança seja autofinanciada e, para isso, você precisa entregar ganhos rápidos no médio prazo. Então, quais são as alavancas para financiar a jornada de mudança?

1) Receita
   - Preços;
   - Força de vendas;
   - Marketing;

2) Simplicidade Organizacional
   - Simplificação da estrutura de gestão;

3) Eficiência de Capital
   - Melhoria do capital de giro;
   - Produtividade dos ativos fixos;
   - Otimização do portfólio de projetos;

4) Redução de custos
- Gastos com promoções;
- Cadeia de suprimentos;
- Custo de Pessoal;
- Custo de Não Pessoal.

Existem várias ações que permitem obter ganhos a médio prazo:

- Repensar o modelo de negócios principal;
- Reequipar os processos de comercialização (*go-to-market*);
- Reposicionar o portfólio corporativo;
- Explorar as opções para um crescimento rápido e sustentável;
- Expandir geograficamente;
- Revisar modelos e processos operacionais;
- Lançar iniciativas digitais.

OBTENDO A ADESÃO DAS PRINCIPAIS PARTES INTERESSADAS: GARANTINDO O ALINHAMENTO COM A ORGANIZAÇÃO

Para ter sucesso nas duas dimensões-chave da estratégia de mudança apresentada, você precisará trabalhar com as principais partes interessadas. E quais são as principais partes interessadas em uma organização?

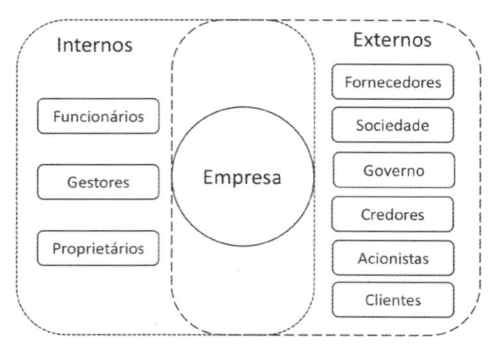

Principais partes interessadas

Fonte: Figura elaborada pelo autor a partir de Clayton, M.; *The Influence Agenda: A Systematic Approach to Aligning Stakeholders in Times of Change*, Londres: Palgrave MacMillan, 2014.

É importante observar que 80% do sucesso de um plano estratégico de mudança depende de uma comunicação bem-sucedida com as principais partes interessadas. E é exatamente aí que está um dos principais desafios, principalmente para os novos líderes. A grande maioria enfrenta falta de preparação, dificuldades de comunicação, incapacidade de inspirar adequadamente suas equipes ou mesmo de delegar.

A importância da gestão de engajamento das principais partes interessadas

Por tudo isso, mais importante do que aprender sobre gestão de partes interessadas, é preciso entender muito bem sobre gestão de engajamento de partes interessadas. O primeiro ponto é que são coisas totalmente diferentes. O processo de gestão desse engajamento envolve a gestão de mudanças e é dividido em cinco etapas: identificação, análise, planejamento, ação e revisão.

A evolução do engajamento das partes interessadas ocorre por meio de colaboração (fazer trocas), consultas (ouvir as opiniões das partes interessadas), informação (compartilhamento de recursos e informações), promoção (usando táticas persuasivas), defesa de posições (forte contra argumentação) e, não menos importante, assertividade (preservando o relacionamento futuro).

A importância de escrever uma declaração do porquê

Gerenciar o envolvimento das principais partes interessadas é essencial para começar a conectar seu plano de mudança com o propósito da marca. Para isso, é importante saber o propósito de sua marca e saber escrever sua declaração do porquê. Ela oferece uma visão convincente para o futuro e expressa claramente a contribuição e o impacto exclusivos de sua marca. Impacto é a diferença que sua empresa quer fazer no mundo e contribuição é a principal ação que ela realiza para causar o impacto desejado. A declaração do porquê funciona como um mantra por meio do qual sua equipe deve tomar decisões, todos os dias, para atuar em consonância com o propósito da marca.

Para escrever sua declaração do porquê, comece com "por que inspirar os outros". Trata-se de sair de "o que você faz" e "como você faz", e começar a pensar em "por que você faz o que faz". Abaixo alguns exemplos:

Spotify

- *"Inspirar a criatividade humana, permitindo que um milhão de artistas vivam de sua arte e um bilhão de pessoas a apreciem e sejam inspiradas por ela. "*

Airbnb

- *"Para conectar milhões de pessoas na vida real em todo o mundo, por meio de um mercado comunitário – para que você possa pertencer a qualquer lugar. "*

Modelando seu plano estratégico de mudança

Para poder modelar seu plano estratégico de mudança, as principais perguntas a serem feitas são:

- O que será necessário em termos de pessoal e outros recursos?
- Este é um prazo razoável?
- Existe uma abordagem alternativa que poderia acelerar a entrega de resultados?
- Como será medido o sucesso/progresso do plano recomendado?
- Quem irá monitorar e relatar?
- Existem pontos de aprovação/reprovação em que o plano deve ser reavaliado?
- Qual é o custo de implementação do plano?
- Qual é o custo de permanecer o mesmo?
- Como (e com que frequência) os líderes seniores revisarão o progresso?
- O plano pode ser simplificado?
- Qual é a abordagem de implementação correta?
- O plano pode fornecer benefícios incrementais?
- O plano deve ser testado antes da implementação total?

- As entregas do plano poderiam ser reorganizadas para antecipar o valor máximo a ser obtido?

Soluções múltiplas para o plano integrado de mudança

O que você deve fazer quando não há uma solução clara e vencedora para o plano de mudança? Em certas situações em que se espera que a recomendação encontre muita resistência, em que a contribuição de várias partes interessadas é fundamental para fazer uma avaliação geral e em que diferentes opções são vencedoras ou perdedoras, você deve enquadrar os problemas e se concentrar em facilitar um processo de tomada de decisão, em vez de fazer uma recomendação específica, por exemplo.

Assim, novas perguntas precisarão ser respondidas, como:

- Quais são as opções?
- Como devemos avaliar essas opções? (por exemplo, critérios específicos, risco/recompensa)
- Quais são as questões-chave que precisamos considerar?
- Qual solução tem mais probabilidade de alcançar o "sucesso", na forma como sua empresa o definiu?
- O que podemos aprender com o passado/ou com a experiência de outra pessoa?
- A organização tem as habilidades/capacidades internas para fazer isso?
- Como essa abordagem se alinha com a estrutura organizacional, linhas de produtos, marca, clientes e parceiros?
- Existe alguma alavancagem adicional além do escopo do plano de transformação estratégica?
- Que alternativas você considerou?
- Como você determinou em quais soluções focar e em quais não focar?
- Sua solução de negócios é flexível o suficiente para se adaptar à medida que mais informações chegarem, e à medida que as condições do mercado mudarem?

Olhando para o futuro

O exercício de avaliação da mudança ao longo do tempo, conhecido como "hoje-amanhã" também é uma ferramenta poderosa para inspirar os outros:

- Onde estamos hoje?
- Onde queremos estar amanhã?
- Como chegamos lá?
- Como será diferente?

As principais armadilhas

Como vimos, muitos executivos não conseguem implementar seu plano estratégico de mudança.

Por esta razão, é extremamente importante conhecer as principais armadilhas que encontramos pela frente, nas iniciativas de transformação estratégica. As mais comuns são:

- Definir ambições muito baixas ou muito altas;
- Focar estritamente em medidas de redução de pessoal;
- Falhar em medir e monitorar o progresso;
- Declarar vitória com antecedência;
- Focar na eficiência antes de outras medidas;
- Manter o pensamento linear;
- Considerar um plano avassalador;
- Considerar um plano sem sentido;
- Considerar um plano incomum;
- Tratar o plano apenas como uma revisão anual da estratégia;
- Falhar na comunicação;
- Falhar em desenvolver os recursos mínimos necessários;
- Não considerar um plano de implementação tático;
- Falta de responsabilidade;

- Falta de autonomia;
- Falta de propriedade ou falta de dono;
- Estar preso na vida cotidiana e na rotina do dia a dia.

No entanto, você verá no próximo capítulo a importância de considerar o alinhamento da cultura organizacional com a estratégia de negócios e com o propósito da marca. Representa a diferença crucial para evitar que seu plano estratégico de mudança siga corajosamente a lugar nenhum, apesar das boas intenções.

Esse desalinhamento é considerado a armadilha das armadilhas, e muitas vezes acaba causando danos irreversíveis tanto à cultura e moral da equipe, quanto à integridade de seu banco de talentos.

Apresentando seu plano estratégico

Você chegou até aqui e construiu seu plano estratégico de mudança. Você desafiou a equipe, gerenciou o engajamento das principais partes interessadas, conectou estratégia com propósito. Agora, precisará considerar como apresentá-lo de forma assertiva; para isso, precisará entender quais cuidados são necessários para uma apresentação eficaz do seu plano de mudança. São eles:

- Apresente uma visão com adesão e confiança da equipe;
- Exponha conteúdo de "alto nível", ou seja, sem detalhes (simples e fácil de entender);
- Use linguagem inspiradora;
- Adote tom positivo, esperançoso e inclusivo;
- Aja de acordo com a visão, acredite na mudança;
- Crie uma imagem forte sobre os benefícios da mudança;
- Mostre resultados tangíveis e realistas;
- Mostre valor (não apenas diga);
- Enfatize a importância de ver a mudança como um processo contínuo!

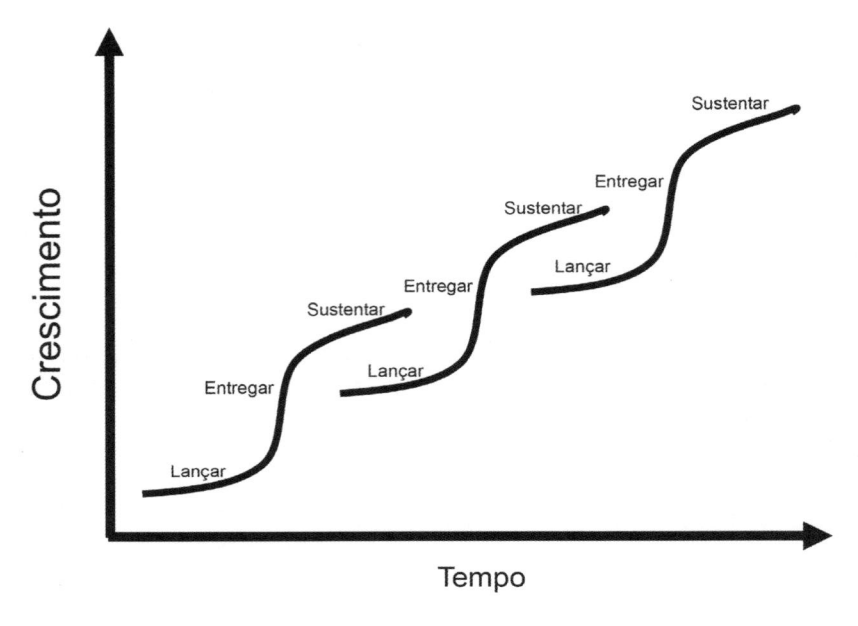

A mudança como um processo contínuo

Fonte: Figura adaptada pelo autor a partir de FAESTE, L.; HEMERLING, J. *Delivering and Sustaining Breakthrough Performance*, The Boston Consulting Group, Inc. 2016.

4 – Métricas e motivadores para a mudança transformacional

DEFININDO MÉTRICAS COMO GUIA E MOTIVADOR PARA SUA MUDANÇA ESTRATÉGICA

As métricas devem ser usadas para promover a colaboração. Os dados e informações a que estamos expostos contêm oportunidades, mas também riscos. Portanto, as métricas devem ser simples e funcionar como guia e motivador para a mudança. Devem separar as informações úteis das inúteis, avaliar a iniciativa de mudança, impactar o comportamento e a tomada de decisão e contribuir para a lógica competitiva.

Escolhendo uma boa métrica

A escolha de uma métrica provavelmente fará com que os funcionários se concentrem em um resultado específico, potencialmente às custas de outro resultado. Por isso, sempre deve ser dada preferência à otimização de várias métricas ao invés de maximizar uma única métrica. Então, quando você se deparar com uma métrica específica, pergunte a si mesmo: o que você faz em seguida, qual a ação a cumprir? Em última análise, as métricas precisam garantir que os recursos da organização estejam alinhados com sua estratégia.

A importância de escolher sua fórmula de lucro como uma métrica certa

Sua fórmula de lucro, que é como você mede a lucratividade do seu negócio, precisa estar alinhada à sua estratégia. Deve ditar o processo de alocação de recursos e refletir a estrutura de custos da empresa, impactando a margem de lucro bruto e definindo o volume mínimo a ser atendido em novas oportunidades.

Uma falha comum é adotar métricas que traduzam o valor percentual relativo, levando a interpretações errôneas. Como exemplo, imagine uma métrica aumentando a porcentagem de vendas de especialidades em seu portfólio de produtos. Você pode melhorar o resultado desta métrica sem fazer um esforço real para aumentar as vendas de especialidades, simplesmente pela redução do esforço na venda de *commodities*. No entanto, isso não significa que você tenha atingido seus objetivos de aumentar as vendas de especialidades.

Gerenciando as métricas certas para promover a inovação

Cuidados adicionais precisam ser tomados ao lidar com métricas que promovem a inovação. Saber gerir a transição tecnológica reduz a resistência à mudança. Normalmente, enfrentamos desempenho reduzido e custos aumentados durante a transição, e você precisa encontrar métricas em que a nova tecnologia seja inconfundivelmente melhor e vendê-la para as principais partes interessadas.

As métricas escolhidas devem comparar o desempenho entre as tecnologias existentes e as novas. Devemos usar qualquer tipo de métrica que traduza claramente a melhoria esperada no desempenho da tecnologia ao longo do tempo e o esforço após a implementação da mudança.

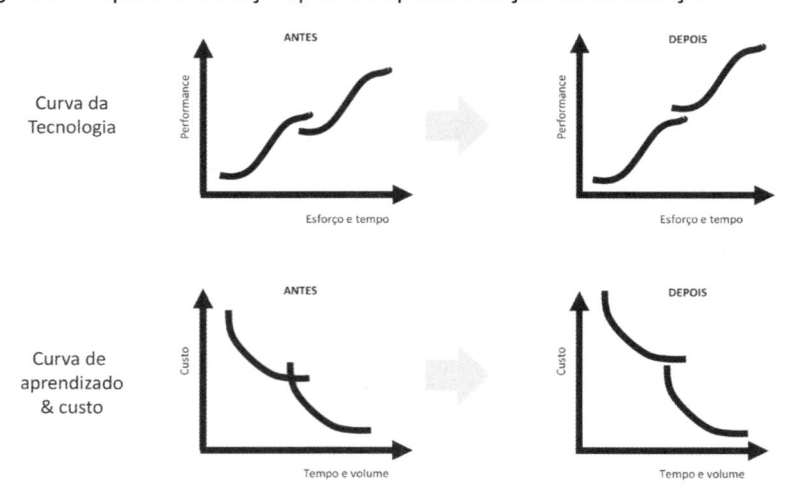

Utilizando a métrica certa para promover a inovação

Fonte: Figura elaborada pelo autor a partir de CHRISTENSEN, C. M. ;*The Innovator's Dilemma: When New Technologies Cause Great Firms to Fail (Management of Innovation and Change)*. Boston: Harvard Business Review Press, 2016.

ALINHANDO A SUA ORGANIZAÇÃO COM A ESTRATÉGIA

Existe uma ferramenta chamada Exploiter-Explorer, que mede a natureza *Exploiting* ou *Exploring* da sua organização. A tradução dessas duas palavras para o português leva ao mesmo significado (explorar). No entanto, uma organização *Exploiter* é aquela focada na otimização, eficiência e execução; e uma organização *Explorer* é aquela focada na disrupção, em novas oportunidades, tomada de risco e experimentação. Uma analogia seria considerar uma empresa *Exploiter* como o alpinista que sempre escala a mesma montanha, mas de uma forma cada vez melhor, enquanto uma organização *Explorer* seria aquele alpinista que está sempre em busca de uma montanha mais desafiadora para escalar.

Esta ferramenta permite avaliar como sua organização está alinhada com sua estratégia. Por meio de perguntas direcionadas, que podem ser conduzidas por área ou unidade de negócio, ou mesmo em escala global, verifica-se o melhor alinhamento entre todas as cinco características: estratégia, arquitetura, rotinas, cultura e ambiente de negócios. O resultado do uso dessa métrica se traduz em um mapa como o mostrado abaixo. Uma vez que as características desalinhadas são identificadas, o líder da mudança pode se concentrar em corrigir o desalinhamento específico detectado.

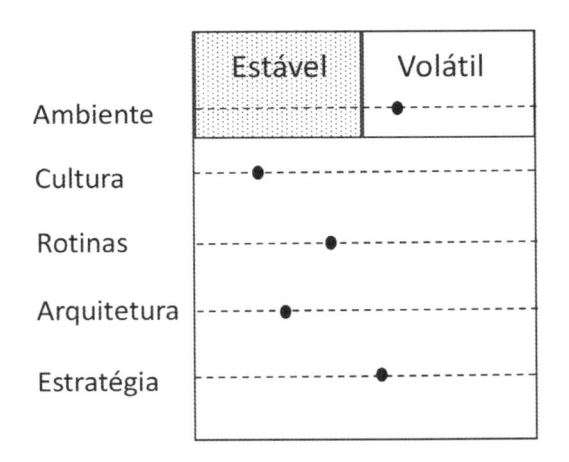

Ferramenta Exploiter-Explorer

Fonte: Figura elaborada pelo autor a partir de MARCH, J.G. *Exploration and exploitation in organizational learning*. Organizational Science. 2(1):71-87, 1991.

Alinhando sua organização com a estratégia e propósito de longo prazo (declaração do porquê)

Uma vez que você tenha avaliado melhor o alinhamento entre estratégia, arquitetura, rotinas, cultura e ambiente, e tenha assegurado que sua estratégia está alinhada com a sua declaração do porquê, ou seja, com o seu propósito, conseguirá alcançar maior eficácia da estratégia e maior eficácia organizacional, o que certamente aumentará as chances de sucesso do seu plano estratégico de mudança, como pode ser visto na ilustração abaixo.

Ao obter maiores chances de sucesso por meio de maior eficácia organizacional e estratégica, controlamos melhor os possíveis danos irreversíveis à cultura e ao moral da equipe, bem como à integridade de seu banco de talentos, que uma transformação estratégica malsucedida poderia causar.

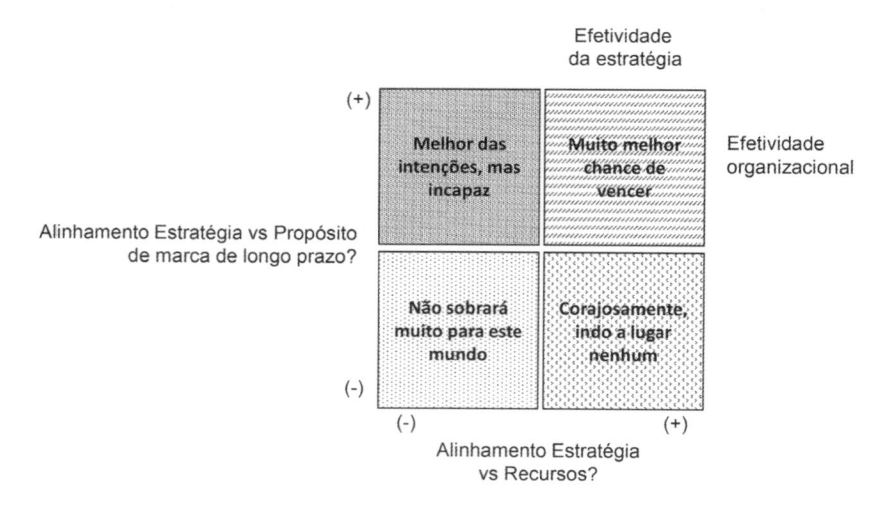

Alinhamento entre estratégia, cultura organizacional e propósito de marca

Fonte: Figura adaptada pelo autor a partir de SINEK, S; MEAD, D; DOCKER, P; *Find Your Why: A Practical Guide for Discovering Purpose for You*

5 – Organização para a mudança estratégica

ANALISANDO ATÉ QUE PONTO AS INFORMAÇÕES FLUEM EFETIVAMENTE EM SUA ORGANIZAÇÃO

Verificou-se no Capítulo 3 que a organização é uma das alavancas de inovação do seu modelo de negócios. Mas por que deve ser considerada como mais uma alavanca de mudança? Na realidade, a organização representa a última fonte remanescente de vantagem competitiva verdadeiramente sustentável. Segundo Nadler & Tushman (1997), "a capacidade organizacional é a maneira única pela qual cada organização estrutura seu trabalho e motiva seu pessoal a atingir objetivos estratégicos claramente articulados".

Estratégia e organização como alavancas de mudança

Fonte: Figura elaborada pelo autor a partir de HIATT, Jeffrey; CREASEY, Timothy. *Change Management: The People Side of Change*. Fort Collins: Prosci Learning Center Publication, 2012.

O conceito de organização deve ser descrito como um mecanismo para mover as informações certas para as pessoas certas no momento certo. O sucesso de seu plano estratégico de mudança depende de ter uma organização projetada para entregar seu plano estratégico de mudança, e não o contrário. Portanto, sua organização deve ser projetada para processar informações de forma eficaz para apoiar a execução da ambição estratégica.

Projetando uma organização para processar informações de forma eficaz

Quando pensamos em uma organização, precisamos vê-la como sendo composta de três elementos: agrupamento, redes de vinculação social e sistemas e processos.

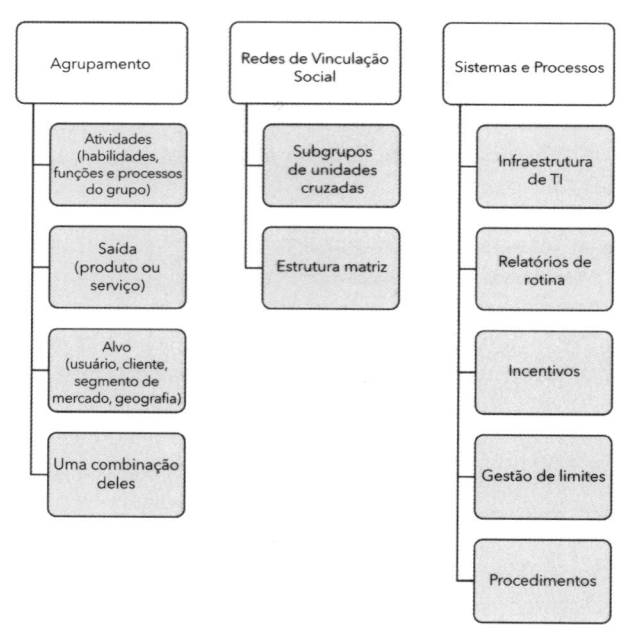

Elementos componentes de uma organização

Fonte: Figura elaborada pelo autor a partir de NADLER, D.A.; TUSHMAN, M.L. *Competing by design: The power of organizational architecture*. 2ª Ed. New York: Oxford University Press, 1997.

A maioria dos líderes de mudança concentra-se no elemento de agrupamento, isoladamente. Porém, é sabido que processos e sistemas são os facilitadores para mudanças bem-sucedidas e sustentáveis, mas são as redes de vinculação sociais e informais que garantem mesmo que o fluxo de informações promova vantagem competitiva.

USANDO ESTRUTURAS INVISÍVEIS DE REDES DE VINCULAÇÃO SOCIAL PARA ORGANIZAR A EXECUÇÃO E INOVAÇÃO

Entendendo a "organização por trás do organograma"

Mas por que as redes informais de vínculo social promovem o fluxo de informações para maior vantagem competitiva? A verdade é que muito do trabalho real das empresas acontece apesar da organização formal. Essas relações informais são marcadas por confiança, desconfiança, gostos ou desgostos. Essas redes informais podem passar de procedimentos formais de relatório para iniciativas que forçam atividades paralisadas a cumprir prazos extraordinários.

Mas as redes informais também podem sabotar facilmente os melhores planos das empresas, bloqueando a comunicação e fomentando a oposição à transformação, a menos que os líderes de mudança saibam como identificá-las e direcioná-las. Compreender os relacionamentos invisíveis e informais permitirá que você atinja suas metas de gerenciamento de mudanças.

Redes de vinculação social por fechamento

A vinculação por fechamento (vínculo estreito) é uma rede de laços densos e interligados: as pessoas estão em contato próximo e isso facilita a construção da confiança. Esse senso de equipe evita o mau comportamento, pois as pessoas se concentram em sua reputação. Vale lembrar que a reputação é um poderoso mecanismo de coordenação e controle, usado para construir a confiança entre os indivíduos.

Para construir uma equipe na qual a confiança reine, primeiro concentre-se na probabilidade de as pessoas se encaixarem no grupo existente; então crie uma identidade, uma missão e um senso de propósito, ou seja, encontre um "inimigo comum".

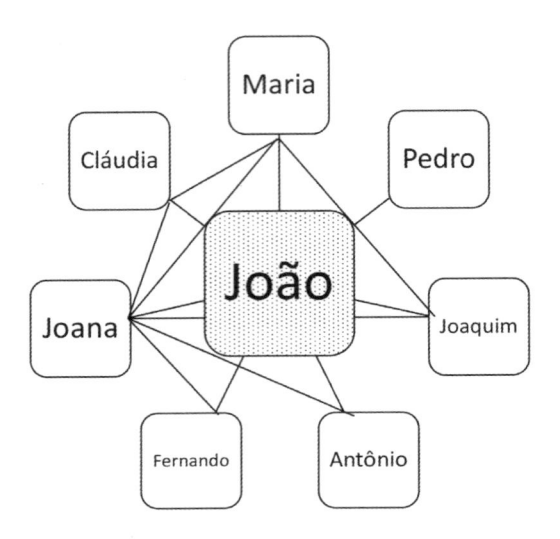

Redes de vinculação social por fechamento

Fonte: Figura elaborada pelo autor a partir de BURT, R.S. *Brokerage & closure: an introduction to social capital.* New York: Oxford University Press, 2005.

Os benefícios econômicos das redes fechadas de vínculo social estão relacionados a maior responsabilidade e capacidade de acelerar o trabalho, redução de custos de treinamento, redução de erros, redução da rotatividade de funcionários, aumento do capital humano e retenção de conhecimento. A vinculação social por fechamento é recomendada para empresas que desejam se tornar líderes em custos. No entanto, o apego social por fechamento tende a limitar a capacidade de inovação da empresa, pois reduz sua exposição à experimentação e às fontes de ideias não redundantes.

Redes de vinculação social por intermediação

Na vinculação social por intermediação, os intermediários atuam como facilitadores entre grupos fechados para gerar novas ideias. Ela oferece um valor econômico significativo porque é uma fonte de ideias criativas e não redundantes geradas pela capacidade do intermediário de mover informações de um lugar para outro. A vinculação social por meio da intermediação é mais adequada para ambientes dinâmicos que exigem inovação disruptiva e diferenciação para obter vantagem competitiva. O compartilhamento de informações pode criar novos produtos, introduzir as melhores práticas e gerar novas soluções para problemas complexos. A intermediação também impede a empresa de reinventar a roda.

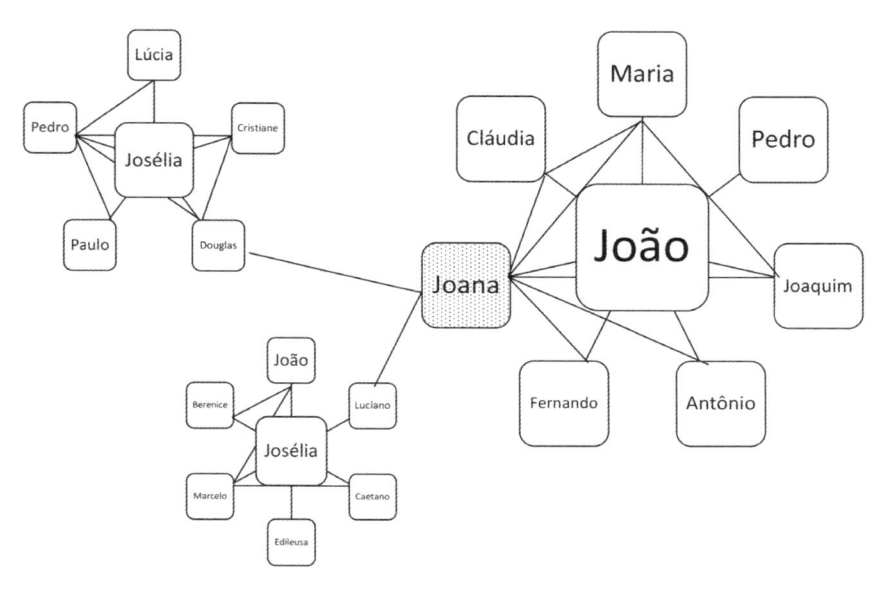

Redes de vinculação social por intermediação

Fonte: Figura elaborada pelo autor a partir de BURT, R.S. *Brokerage & closure: an introduction to social capital*. New York: Oxford University Press, 2005.

Você pode estar se perguntando: então, qual é a melhor forma de redes invisíveis de vínculo social que deve nutrir em sua organização? Equilibrar os dois tipos de redes informais de vínculo social facilita o processo de mudança e, portanto, aumenta a vantagem competitiva da empresa.

AVALIANDO E GERENCIANDO O IMPACTO
DA MUDANÇA TRANSFORMACIONAL NA CULTURA DA ORGANIZAÇÃO

O primeiro passo para entender o impacto que um plano estratégico de mudança pode ter na cultura organizacional é compreender o que é a cultura da empresa: são os valores, atributos e características compartilhados de uma organização, aquilo que se refere às atitudes e comportamentos de uma empresa e seus funcionários. Fica evidente na forma como as pessoas de uma organização interagem umas com as outras, nos valores que possuem e nas decisões que tomam. Abrange uma variedade de elementos, incluindo ambiente de trabalho, missão da empresa, estilo de liderança, valores, ética, expectativas e objetivos.

A cultura de uma empresa pode ser cultivada de forma expressa e deliberada, ou simplesmente resultar do acúmulo de decisões tomadas ao longo do tempo. Com uma forte cultura da empresa, os funcionários entendem os resultados e comportamentos esperados, e agem de acordo. A cultura da empresa é importante para os funcionários, porque é mais provável que gostem do trabalho quando suas necessidades e valores são consistentes com os de seus empregadores. A cultura da empresa também é importante para os empregadores, porque os trabalhadores que se encaixam nessa cultura provavelmente serão não apenas mais felizes, mas também mais produtivos.

O papel da liderança na cultura e no desempenho organizacional

As três facetas sobrepostas da liderança necessárias para promover uma cultura organizacional e um ótimo desempenho são:

- Necessidades do grupo;
- Necessidades individuais;
- Necessidades da tarefa.

Um líder deve promover um ambiente no qual a equipe seja mantida, o indivíduo seja desenvolvido e a tarefa exigida seja concluída. Fica claro que a forma como a liderança é conduzida, através das diferentes interações líder-liderado, afeta diretamente a cultura e os resultados das organizações. As principais interações entre líder e liderados são:

- Atitude de questionar;
- Controlar o estresse;
- Lidar com objeções;
- Receber *feedback*;
- Dar retorno;
- Atitude de negociar em grupo;

- Gerenciar conflitos;
- Estimular a criatividade;
- Demonstrar poder;
- Elogiar;
- Dizer não;
- Ir direto ao ponto;
- Atitude de negociação;
- Reconhecimento.

Mas quais são as razões pelas quais as equipes executivas não entregam? Verificou-se no Capítulo 1 que o despreparo dos executivos é uma das principais razões pelas quais eles falham em seu plano estratégico de mudança. Muitos ignoram as armadilhas, que foram apresentadas no Capítulo 3. Em resumo, podemos dizer que os pontos apresentados a seguir oferecem relevância central na explicação dessas falhas:

- Falta de clareza de propósito;
- Personalidades individuais;
- Concorrência interna;
- Estrutura da equipe.

Existem vários estilos de liderança. Um líder pode apresentar perfil carismático, participativo, situacional, centrado na tarefa, autocrático, democrático, centrado nas pessoas, servidor e pode ser transformacional.

Liderança transformacional

Um líder transformacional é aquele que, por meio de atenção e direção, motiva, inspira e influencia os funcionários a inovar e criar mudanças que ajudarão a fazer a empresa crescer e a moldar o seu sucesso futuro. Esse estilo de liderança é bastante recomendado para mudanças transformacionais, pois exige que o líder seja ao mesmo tempo diretivo e inclusivo. Isso porque o processo de mudança estratégica muitas vezes precisa ocorrer contra o tempo. No entanto, a transformação estratégica bem-sucedida requer o envolvimento da equipe de liderança estendida, além do RH, que deve evoluir como um parceiro de transformação estratégica.

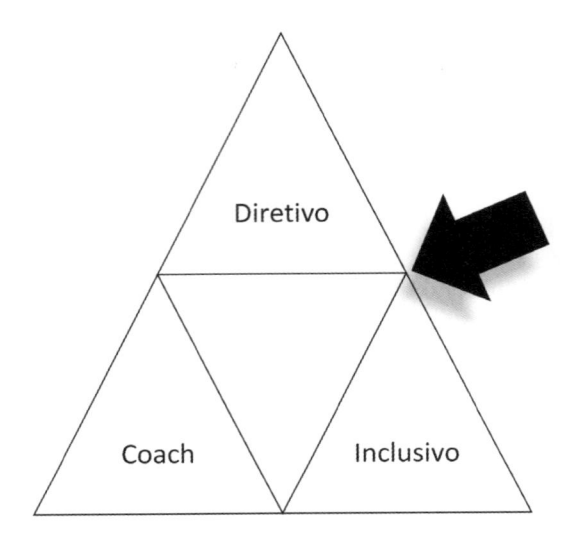

Liderança transformacional

Fonte: Figura adaptada pelo autor a partir de FAESTE, L.; HEMERLING, J. *Delivering and Sustaining Breakthrough Performance*, The Boston Consulting Group, Inc. 2016.

A importância dos sistemas e processos na cultura e no desempenho organizacional

Os líderes precisam estar totalmente comprometidos em proteger os recursos e tomar medidas necessárias para mudar a cultura e influenciar a performance. Sistemas e processos (infraestrutura de TI, relatórios de rotina, remuneração e planos de recompensas, gerenciamento de limites procedimentos) são importantes porque são os facilitadores ao gerenciar mudanças.

Os principais erros cometidos pelos agentes de mudança transformacional

A mudança cultural é o elemento mais crítico para o desempenho e sucesso de uma transformação estratégica. Por esta razão, existe a tentação de iniciar o processo de mudança com a transformação cultural.

O erro número 1 que os agentes de mudança cometem ao liderar planos estratégicos de transformação é tentar mudar a cultura antes de estabelecer sistemas e processos. Estes são facilitadores, e devem ser implementados antes mesmo de qualquer tentativa de mudar a cultura da organização. Do contrário, quando a nova cultura estiver finalmente implementada, os funcionários não estarão mais motivados a mudar seus sistemas e processos.

O erro número 2 dos agentes de mudança é planejar uma mudança organizacional com foco apenas nos agrupamentos, que são as hierarquias verticais, pois não se beneficia do potencial oferecido pelas redes informais de vínculo social e, consequentemente, da implementação de sistemas e processos.

DEFININDO O NOVO DESENHO ORGANIZACIONAL
COMO MAIS UMA ALAVANCA DE MUDANÇA

Para qualquer das estruturas e dos desenhos organizacionais escolhidos, seja através de modelos organizacionais hierárquicos, multifuncionais ou por meio de estruturas organizacionais multifuncionais conhecidas como *squads*, você deverá determinar antecipadamente quais os principais resultados organizacionais que deverão estar presentes para o sucesso de seu plano de mudança estratégica. Em geral, a parcimônia é recomendada para alcançar os seguintes resultados organizacionais:

- Agilidade: ser capaz de agir proativamente em sinais de mudança;
- Simplicidade: oferecer soluções minimamente suficientes;
- Orientação para as pessoas: usar as pessoas como força competitiva;
- Cooperação: adicionar valor agregado através da resolução coletiva de problemas;
- Engajamento: comprometimento dos funcionários a longo prazo.

Os fatores organizacionais críticos que moldam esses resultados organizacionais e, consequentemente, o resultado do plano estratégico de mudança são:

- Objetivo;
- Liderança;
- Agenda de estratégia e transformação;

- Estrutura;
- Atividades e funções;
- Tomada de decisão;
- Processo e sistemas/TI;
- Pessoas;
- Análise de pessoas e organizações;
- Gestão de desempenho;
- Mudanças na empresa;
- Recursos essenciais.

Os recursos essenciais que moldam a estrutura organizacional são competências, ferramentas, governança e processos. As melhores práticas que os líderes de mudança devem considerar para construir e garantir que a empresa selecione bem os recursos essenciais em seu processo de mudança transformacional são:

- Garantir o alinhamento entre os líderes;
- Realizar avaliação das lacunas existentes;
- Priorizar rigorosamente;
- Considerar equipes multifuncionais;
- Projetar todos os recursos necessários;
- Gerenciar a implementação da mudança;
- Abordar os recursos *hard* e *soft* da implementação;
- Avaliar os resultados;
- Manter o rumo.

6 – Gerenciando a resistência à mudança transformacional

MAPEANDO E GERENCIANDO OS DIFERENTES OBSTÁCULOS PARA TRANSFORMAR SUA ORGANIZAÇÃO

O mapa de resistência à mudança

A resistência à mudança é um dos maiores obstáculos que um líder de mudança pode enfrentar. Entre 50% e 75% das iniciativas de mudança falham, geralmente devido à resistência. A falta de apoio das principais partes interessadas terá um efeito prejudicial em sua iniciativa de mudança, mesmo que a ideia seja valiosa. Embora faça sentido que ideias ruins (ou consideradas ruins) sejam rejeitadas, boas ideias também nem sempre são aceitas. As pessoas resistem à mudança simplesmente porque é uma mudança, ou porque sentem que perderão o controle. Mudar implica fazer algo diferente, e os humanos são criaturas de hábito.

Estudos têm demonstrado que, quando as equipes são apresentadas a um plano estratégico de mudança, em média, 2% da equipe apoiarão integralmente o plano, formando o chamado grupo de inovadores. 13% farão parte do grupo de apoiadores; cerca de 35% formarão o terceiro grupo denominado maioria inicial ou céticos positivos; outros 35% constituirão a maioria tardia, que, junto com os 15% que farão resistência absoluta, comporão o grupo dos céticos negativos.

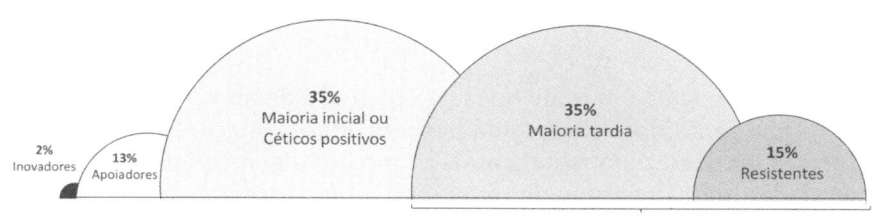

Perfil da resistência à mudança

Fonte: Figura elaborada pelo autor a partir de BRADUTANU, Daniela. *Resistance to Change – A New Perspective*. Morrisville: Lulu Press, 2015.

APLICAÇÃO DE TÉCNICAS PARA GERENCIAR A RESISTÊNCIA À TRANSFORMAÇÃO

O gerenciamento da resistência à mudança é um tópico amplamente estudado, e existem técnicas muito conhecidas que podem ser usadas para essa atividade. Segue abaixo uma lista de algumas delas:

- Senso de urgência: implica criar uma sensação de disrupção, para preparar uma iniciativa de mudança bem-sucedida; explora o conceito de aversão à perda; para ser aplicada, requer uma visão clara e um bom plano estratégico.

- Princípio da relatividade: significa oferecer aos funcionários uma variedade de opções, algumas mais atraentes do que outras.

- Propriedade: busca gerar sentimentos de propriedade sobre a ideia que floresce entre os funcionários.

- Parceiros estratégicos: o papel do parceiro estratégico temporário é reenquadrar o líder de mudança como alguém que não é um estranho, alguém que parece alguém de dentro. Os parceiros estratégicos devem convencer os de dentro (*insiders*) a apoiar sua iniciativa. Uma vez aceitos por um grupo, o líder de mudança deve começar a construir sua própria rede de influência dentro do grupo.

GERENCIANDO A RESISTÊNCIA PARA PROMOVER A INOVAÇÃO

Principais iniciativas para gerenciar a resistência à mudança

Além dessas técnicas acima, existem iniciativas que podem ser empregadas na arte de gerenciar a resistência à mudança, variáveis de acordo com o grupo.

A interação exigida por indivíduos de um grupo de apoio pode ser totalmente diferente daquela exigida por indivíduos de grupos céticos, por exemplo. O quadro da página ao lado mostra algumas iniciativas recomendadas por cada grupo de resistência à mudança:

Inovadores	Apoiadores	Céticos Positivos	Céticos Negativos
•Convide para moldar e criar histórias inspiradoras •Convide para liderar uma vitória rápida •Convide para divulgar a iniciativa	•Convide para personalizar as comunicações •Convide para projetar o "o quê" e o "como" do processo de mudança •Convide para ajudar a criar grupos que possam trabalhar juntos de forma eficaz •Solicite comentários antecipados sobre o conteúdo e o processo •Ofereça oportunidades para liderar	•Crie um contexto que incentive a "falha inteligente e barata" •Reúna informações e ideias sobre como integrar novas mudanças •Inscreva um representante deste grupo de partes interessadas para ajudar a moldar o "o quê" e o "como" •Demonstre benefícios de longo prazo associados à mudança	•Aprofunde-se sobre o que eles acham que vai ser complicado •Personalize para destacar benefícios significativos e fornecer treinamento •Seja aberto e transparente sobre incertezas sérias •Peça informações e percepções •Deixe-os ajudar a moldar os processos •Desassocie esta mudança com a mudança anterior

Iniciativas para a gestão da resistência à mudança

Fonte: Figura elaborada pelo autor a partir de BRADUTANU, Daniela. *Resistance to Change – A New Perspective.* Morrisville: Lulu Press, 2015.

Entendendo a curva de John Fisher

John M. Fisher é um psicólogo que pesquisou e desenvolveu a curva "Personal Transition through Change", apresentada no X International Personal Construct Congress, em Berlim, 1999.

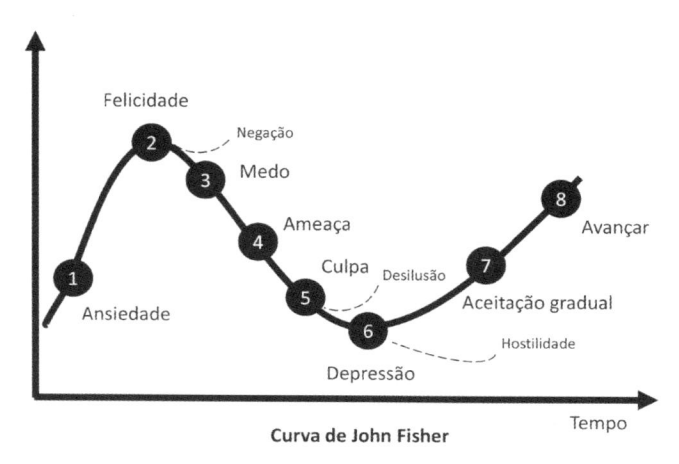

Curva de John Fisher

Fonte: Figura adaptada pelo autor a partir de FISHER, J. M.; *Personal Transition through Change*, X International Personal Construct Congress, Berlim, 1999

79

Conhecida como a Curva de John Fisher, traça a evolução comportamental típica de aceitação das mudanças pelo ser humano: percebe-se que, após a euforia inicial, é comum as pessoas enfrentarem sentimentos de negação, raiva, desilusão e até depressão, antes de começarem a oferecer alguma aceitação gradual do processo de mudança transformacional.

Saber mapear os diferentes grupos de resistência à mudança, entender os diferentes comportamentos, empregar as diferentes técnicas e iniciativas recomendadas para cada grupo farão toda a diferença para você ter sucesso como líder de mudança.

7 – Tornando a mudança transformacional sustentável

FAZENDO UM PLANO PARA GARANTIR A SOBREVIVÊNCIA DE SEU PLANO ESTRATÉGICO DE MUDANÇA

Para que uma mudança estratégica seja duradoura, é preciso entender quais cuidados devem ser tomados para solidificá-la. É comum as empresas não se preocuparem com isso, e depois acabarem buscando uma justificativa para o fracasso, seja no mercado ou na equipe.

Apresentar uma narrativa pouco convincente, desacompanhada de um plano de mudança coerente, é um erro bastante comum. Anunciar uma reorganização sem descrições de cargos finalizadas, descobrir que sua empresa já está na metade da fase de execução de seu plano de mudança e ainda não definiu as políticas de gestão de desempenho e remuneração para os indivíduos, impactando diretamente na motivação para a mudança, perder a oportunidade de usar uma filial ou unidade de negócios para realizar uma experimentação, são todos erros que devem ser evitados. Também é comum a liderança não estar preparada para responder a todas as perguntas. Nesse caso, a legitimidade e a credibilidade do plano podem ficar prejudicadas. Não deixar claro como a equipe do comitê de mudança será usada após a conclusão da jornada de transformação é outra falha seríssima, para citar alguns exemplos.

Então, quais os principais processos que devem ser considerados para que a mudança estratégica em sua organização seja duradoura?

A tabela a seguir resume os quatro processos principais: contratação, aprendizado, mobilização e entrega. Clareza de escopo, *design* de equipe, responsabilidades e padrões caracterizam a fase de contratação das mudanças. A descoberta orientada por dados, o estabelecimento de objetivos e meios, a experimentação e o refinamento constituem a fase de aprendizagem. Ter uma narrativa convincente para justificar as mudanças, acompanhada de simbolismo, dando legitimidade e credibilidade à equipe de mudança, compreende a fase de mobilização. Otimizar recursos e

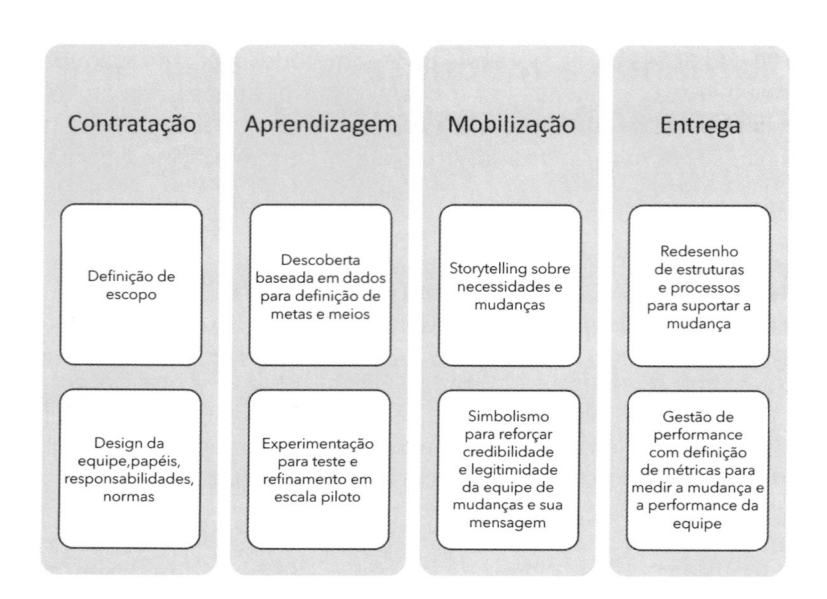

Principais processos para a mudança estratégica duradoura

Fonte: Figura elaborada pelo autor a partir de GOKSOY, A. *Organizational Change Management Strategies in Modern Business*. Hershey: Business Science Reference, 2015.

processos, definir métricas para medir a mudança e o desempenho da equipe marcam a fase que chamamos de entrega.

Para que haja uma institucionalização da mudança, esses quatro processos principais devem levar em conta três condições consideradas facilitadoras. São elas: o contexto da estrutura e recursos propostos ou existentes, o contexto dos procedimentos existentes e o contexto emocional e moral da própria equipe.

LANÇANDO AS BASES PARA UMA TRANSFORMAÇÃO DURADOURA

Institucionalização da mudança

Assim, um erro comum cometido pelos líderes de mudança é começar a implementar o plano estratégico de mudança sem que os principais processos e condições facilitadoras sejam incorporados à organização. De fato, para que a institucionalização da mudança ocorra, é necessário que elas estejam incorporadas bem antes do início da implementação da iniciativa de mudança. Só assim garantiremos uma mudança organizacional duradoura.

A importância de ter uma abordagem integrada para a mudança

Existem vários fatores que contribuem para o fracasso das iniciativas de mudança. No entanto, as principais razões podem ser resumidas em:

- Falta de marcos e objetivos claramente definidos e/ou alcançáveis para medir o progresso;
- Falta de compromisso dos líderes seniores;
- Resistência dos funcionários;
- Comunicação pobre;
- Financiamento insuficiente.

Portanto, é necessário oferecer uma abordagem integrada para a gestão de sua iniciativa de mudança, com o estabelecimento de um PMO (escritório de gestão de projetos) e governança, com a existência de líderes qualificados, uma organização envolvida e com confiança no sucesso da execução.

Abordagem integrada para a mudança

Fonte: Figura adaptada pelo autor a partir de FAESTE, L.; HEMERLING, J. *Delivering and Sustaining Breakthrough Performance*, The Boston Consulting Group, Inc. 2016.

8 – Tornando-se e permanecendo ágil

CRIANDO AS CONDIÇÕES PARA INCORPORAR AGILIDADE ESTRATÉGICA E ORGANIZACIONAL

Estratégia como preservação da flexibilidade futura

Os mercados estão se movendo mais rápido do que nunca. As mudanças estão revolucionando as indústrias, minando nossa capacidade de prever oportunidades futuras. Portanto, torna-se importante associar agilidade com flexibilidade e considerar a estratégia como preservadora da flexibilidade futura. Daí a analogia de que a estratégia precisa funcionar como um bambu, ou seja, precisa ser resiliente e ao mesmo tempo flexível. Isso aumenta a importância de incorporar agilidade estratégica e organizacional.

As 5 marcas da agilidade

Assim, torna-se importante entender quais as principais características que devem estar presentes para que sua empresa tenha agilidade e, portanto, preserve a sua flexibilidade futura. Elas são: diversidade cognitiva, segurança psicológica, pensamento reflexivo, responsabilidade individual e ideação.

Diversidade cognitiva

Vimos no Capítulo 5 que, em um ambiente competitivo volátil, as redes informais de articulação social por meio da intermediação promovem o acesso a informações não redundantes, ou seja, os intermediários atuam como facilitadores entre grupos fechados para gerar novas ideias. A base deste conceito é a diversidade. A diversidade de pessoas e opiniões melhora a resolução de problemas porque traz diferentes fontes de ideias e perspectivas.

Segurança psicológica e vontade de experimentar

O valor da diversidade cognitiva em uma organização só existe se houver segurança psicológica para permitir que um indivíduo compartilhe opiniões e informações opostas, promovendo um comportamento de aprendizagem. Para promover a segurança psicológica, é importante compartilhar ideias, buscar informações de forma proativa, fazer perguntas diretas e responder com apreço às informações recebidas, independentemente da qualidade das contribuições; caso contrário, você desestimulará as pessoas a compartilhar suas opiniões no futuro.

Pensamento reflexivo

Ao liderar iniciativas de mudança, a tomada de decisão é extremamente importante e altamente estressante. Como líder de mudança, você pode ser forçado a tomar decisões muito rapidamente, e muitas vezes com informações de baixa qualidade. No contexto da agilidade, tendemos a pensar na velocidade como o fator-chave mais importante no processo de tomada de decisão. No entanto, o pensamento rápido pode levar a resultados abaixo do ideal ou confusos, ou mesmo a retrabalhos.

Assim, é correto afirmar que, para promover agilidade, um líder de mudança deve se esforçar para ter um pensamento reflexivo. A tomada de decisão reflexiva, embora seja lenta e deliberada, considera diferentes alternativas, revisitando a decisão final e examinando o resultado após a implementação para melhoria contínua. No entanto, ela promove agilidade ao considerar a diversidade e, com isso, aprofunda o aprendizado constante de seu processo decisório, evitando perda de tempo com retrabalhos.

Responsabilidade individual (*accountability*)

A segurança psicológica e a diversidade cognitiva promovem a inovação, que, juntamente com a responsabilidade individual (*accountability*), permite que a organização seja ágil. Quando os indivíduos têm mais responsabilidade, sentem-se mais capacitados a identificar oportunidades que, do contrário, poderiam perder.

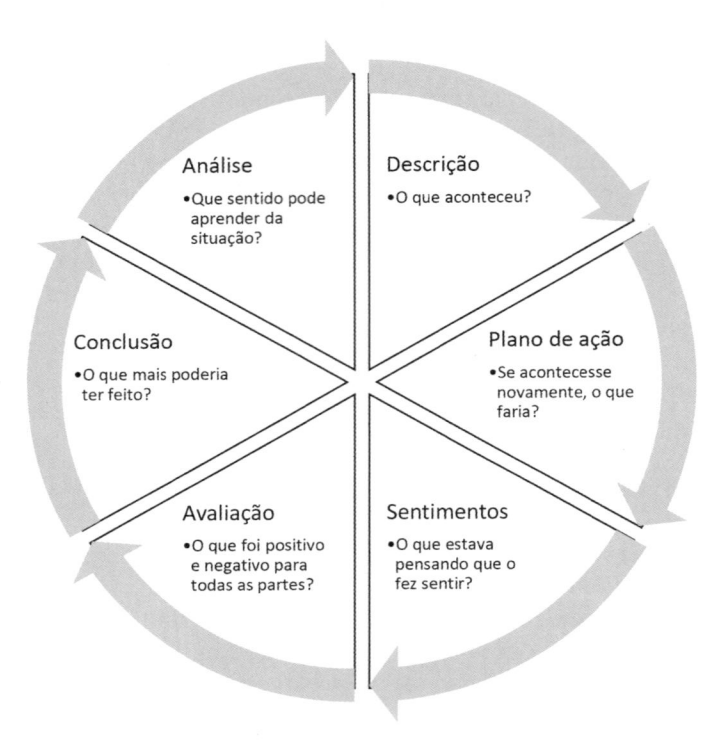

Mecanismo do pensamento reflexivo

Fonte: Figura elaborada pelo autor a partir de LEOPOLD, K; *Rethinking Agile: Why Agile Teams Have Nothing to Do with Business Agility*. Viena: Leanability Press, 2018.

Ideação (compreendendo as fontes e mecanismos de RSV)

Incentivar técnicas de cocriação e laboratórios de ideias e de inovação aberta permite que sua empresa encontre caminhos alternativos que possam oferecer agilidade. Para isso, entender as fontes e mecanismos de variação de ideias e realizar a seleção e retenção daquelas que devem ser consideradas são uma forma de promover agilidade. A figura da página ao lado descreve o modelo clássico de ideação chamado RSV (variação, seleção e retenção):

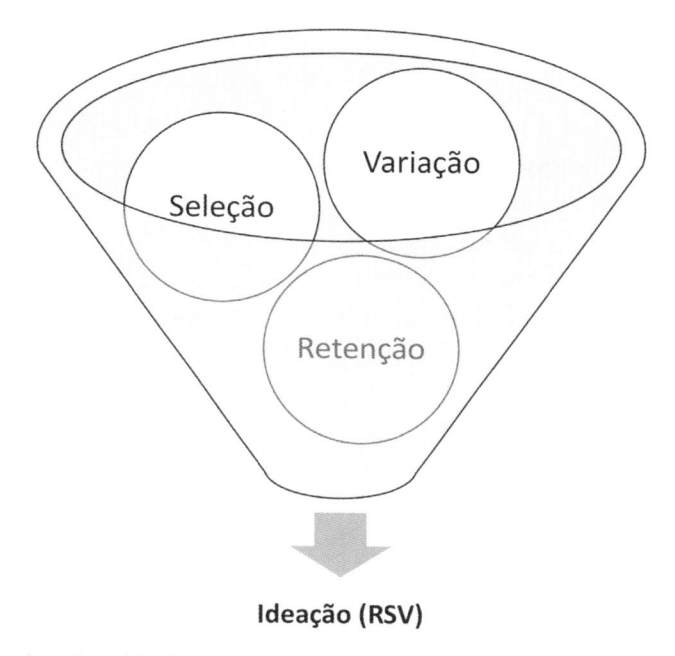

Ideação (RSV)

Fonte: Figura elaborada pelo autor a partir de LEOPOLD, K; *Rethinking Agile: Why Agile Teams Have Nothing to Do with Business Agility*. Viena: Leanability Press, 2018.

APLICANDO TÉCNICAS PARA ESTIMULAR A AGILIDADE ESTRATÉGICA E ORGANIZACIONAL

O Manifesto Ágil

O conceito de metodologias ágeis nasceu do Manifesto Ágil de 2001, desenvolvido em Utah, nos EUA, por líderes de empresas de *software*. Eles criaram o que ficou conhecido como os 12 princípios da agilidade, a saber:

1. Satisfazer o cliente é a maior prioridade;
2. Aceite bem as mudanças, para ser capaz de oferecer vantagem competitiva;
3. Faça entregas frequentes, e de preferência, no menor prazo possível;

4. Trabalhe em conjunto, envolva as partes interessadas;

5. Confie e apoie, e terá indivíduos motivados;

6. Mantenha conversas face a face, para maior eficiência e eficácia;

7. Mantenha os *softwares* funcionando, como principal medida de progresso;

8. Incentive o desenvolvimento sustentável, através de um ritmo constante e indefinidamente;

9. Ofereça atenção contínua para maior agilidade;

10. Mantenha a simplicidade para maximizar as entregas;

11. Forme times auto-organizados para a melhor entrega;

12. Reflita sobre como se tornar mais eficaz, e ajuste sempre.

Esses princípios representam uma forma de acelerar as entregas de um determinado projeto. Por meio de técnicas de agilidade, dividem as entregas ao cliente final em ciclos menores.

Como resultado, quaisquer problemas são corrigidos mais rapidamente e os planos são revisados em tempo. Garantindo o foco no cliente final e a entrega de valor, com frequência, estimulam uma gestão de processos que assegura o controle e possíveis ajustes.

O Manifesto Ágil é uma filosofia que promove benefícios como trabalho em equipe, colaboração de funcionários e inteligência coletiva, e oferece maior visibilidade, maior adaptabilidade, maior valor e menor risco. Acelera a entrega on-line com os clientes. Proporciona ao cliente a oportunidade de conhecer antecipadamente os resultados do trabalho, reduzindo o retrabalho e aumentando assim a sinergia entre a empresa, o cliente e o projeto, com maior satisfação ao final.

Há diversos métodos ágeis. Os principais são:

- Scrum: é uma das formas de utilizar métodos ágeis em seus projetos e seu principal objetivo é auxiliar na gestão e no desenvolvimento de projetos que possuem um curto prazo de entrega. É um dos métodos mais populares, e é comumente confundido com o próprio conceito da metodologia;

- Lean: método que foi difundido no cenário de *startups*, e é indicado para projetos reduzidos e mais objetivos. Seu foco principal é identificar e eliminar de forma eficiente os desperdícios dentro de uma organização ou na realização de um projeto;

- Kanban: método que consiste em *checklists* e oferece uma ótima visão de todo o projeto que está sendo desenvolvido. É um dos métodos mais ágeis e simples utilizados atualmente;

- Smart: metodologia reconhecida por ser uma boa alternativa para criar objetivos realistas que podem ser alcançados pela sua empresa. Baseia-se em cinco princípios que são indicados pelas letras do seu nome em inglês (Específico, Mensurável, Alcançável, Relevante e em Tempo).

À parte destas metodologias, existem centenas de ferramentas digitais e inúmeras técnicas que estimulam a agilidade estratégica e organizacional. Algumas estão listadas abaixo:

- Cenário Estratégico: permite visualizar a estratégia do concorrente e compará-la com a sua.

- Manter-Eliminar-Criar: incentiva você a se concentrar no que importa e criar soluções alternativas para se diferenciar da concorrência.

- Matar a empresa: promove o pensamento reflexivo para desafiar sua estratégia criando uma lista de riscos.

- Flexibilidade interpretativa: incentiva concorrentes como parceiros complementares, clientes como fornecedores, fornecedores como clientes. Tudo isso estimula a agilidade, promovendo sinergias dentro do ecossistema em que sua empresa participa.

- Empreendedorismo institucional: desafia a pensar no que faz uma grande empresa, ou seja, nos princípios de ser valiosa, rara, inimitável e inatingível. Concentra em obter uma vantagem competitiva que seus concorrentes podem não querer imitar, inicialmente.

Mais importante e difícil do que estar temporariamente ágil é permanecer ágil, e o processo de desenvolvimento organizacional deve se concentrar na construção de uma organização pronta para o aprendizado.

As empresas que permanecem ágeis ao longo do tempo proporcionam maior satisfação do cliente por meio de maior inovação e criatividade. Sua equipe estará sempre engajada e aprendendo.

Permanecer ágil pode multiplicar o benefício da incorporação em até três vezes, enquanto que estar temporariamente ágil pode permitir um benefício bastante reduzido e finito.

É mais do que comum as empresas confundirem agilidade com fazer as coisas com pressa, em detrimento do preparo e da qualidade; ou até mesmo fazer muitas coisas ao mesmo tempo. É importante entender que a agilidade é uma vantagem competitiva, mas desde que utilizada de forma correta, para poder preservar a flexibilidade futura de sua estratégia.

Estar Ágil
- **20% de Benefício**
- Habilidade para gerir prioridades de mudanças
- Maior visibilidade
- Melhor qualidade
- Menor risco

Permanecer Ágil
- **3X Benefício**
- Satisfação do cliente
- Prazer no trabalho
- Engajamento
- Inovação e Criatividade
- Aprendizado contínuo

 X

Diferença entre estar *versus* permanecer ágil

Fonte: Figura elaborada pelo autor a partir de ISMAIL, Salim; MALONE, MICHAEL S., ; GEEST, Y. V.; *Exponential Organizations: Why New Organizations Are Ten Times Better, Faster, and Cheaper than Yours (and What to Do about It)*. Nova York: Diversion Books, 2014.

9 – Construindo e liderando organizações prontas para aprender

DEFININDO O MELHOR MODELO PARA O PROPÓSITO DA SUA ORGANIZAÇÃO PRONTA PARA APRENDER

Aprendizagem organizacional como fonte de vantagem competitiva

Aprender mais rápido que os concorrentes é uma fonte de vantagem competitiva. Com esse objetivo, você deve se concentrar no fluxo de informações a fim de estabelecer as bases para se tornar uma organização pronta para o aprendizado. No entanto, existem alguns fatores que impedem as organizações de aprender:

- Pobre compartilhamento de informações;
- Falta de incentivo;
- Tratar aprendizagem como um custo/perda de tempo;
- Falta de adesão;
- Falta de um órgão central de consolidação;
- Falta de escala *versus* investimento;
- Análise incorreta de informações;
- "Síndrome do não inventado aqui".

SELECIONANDO O MELHOR SISTEMA DE APRENDIZAGEM ORGANIZACIONAL PARA SUA EMPRESA

Modelo clássico de aprendizagem organizacional

O modelo de ideação ao qual nos referimos no Capítulo 8 como RSV (Variação, Seleção e Retenção) é conhecido por ser o modelo clássico

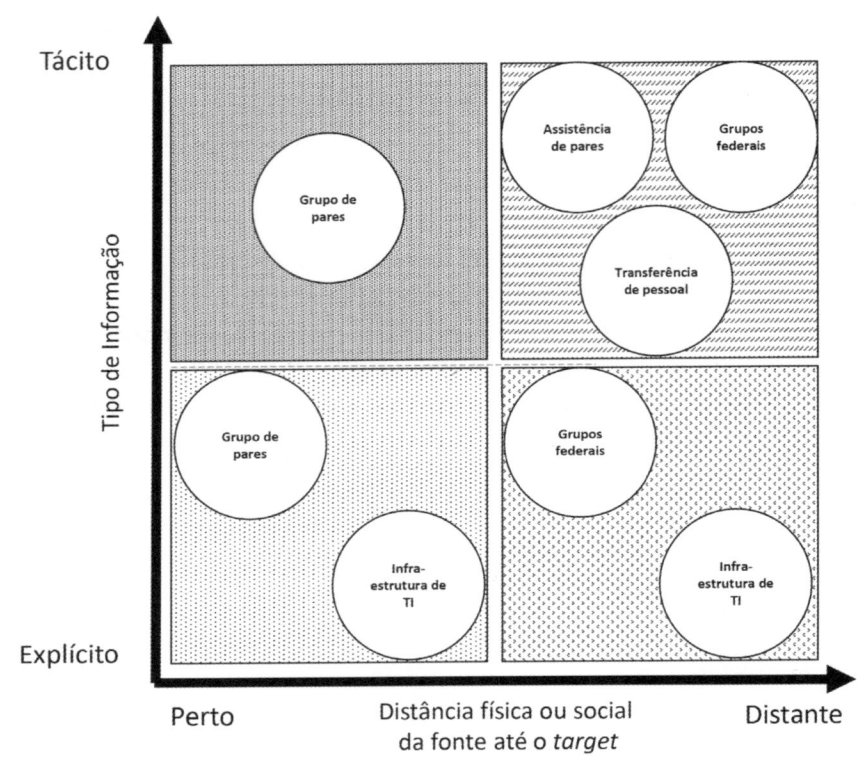

Modelos de aprendizagem organizacional

Fonte: Figura elaborada pelo autor a partir de PROKESCH, S.; Unleashing the Power of Learning: An Interview with British Petroleum's John Browne, Harvard Business Review, 1997 e WAHL, D. C; *Designing Regenerative Cultures*. Devon: Triarchy Press, 2016.

de aprendizagem e ideação organizacional. Por meio dele, ideias únicas passam da fase de variação para a fase de seleção; e ideias específicas são coletadas na fase de retenção. Esse modelo se compara com a teoria da evolução, na qual a diversidade é essencial para a sobrevivência das espécies, conceito facilmente associado à inovação.

Outros modelos de aprendizagem para superar fatores dificultadores

Existem outros modelos associados à aprendizagem organizacional. Embora possam receber nomes diferentes em diferentes localidades, são ferramentas bem conhecidas e utilizadas, principalmente em empresas com posicionamento global ou regional:

- Assistência de pares: quando você empresta funcionários de uma região/unidade para outra, diante de um problema específico;
- Grupo de pares: quando você divide um grupo em equipes menores, com base na antiguidade e experiência em lidar com um problema;
- Grupos federais: quando você forma um grupo específico para resolver um problema específico;
- Transferência de pessoal: consiste na transferência de indivíduos para um fim específico, por um período maior;
- Infraestrutura de TI: essencial para reter e transferir conhecimento/informação explícita.

Medidas de precaução para uma organização de aprendizagem mais eficaz

No entanto, para orientar sua organização a se tornar uma organização de aprendizado mais eficaz, é importante tomar algumas medidas de precaução, como:

- Prevenir a formação de silos;
- Evitar o uso excessivo de uma única ferramenta para promover o aprendizado e a gestão do conhecimento;
- Considerar suporte mínimo para a infraestrutura disponível;
- Disponibilizar recursos para cobrir a ausência dos indivíduos, quando estiverem em suas atividades de aprendizagem;
- Considerar o suporte da alta administração.

DEFININDO A MELHOR ALIANÇA DE REDE QUE FUNCIONA PARA SUA ORGANIZAÇÃO

Alianças com seu concorrente

Muitas empresas não se sentem à vontade para trocar informações estratégicas e até proprietárias com seus concorrentes, por diversos motivos, entre os quais podemos citar: questões de *compliance*, medo de revelar uma determinada vulnerabilidade ou a preocupação de ficar para trás.

Ocorre que a troca dessas informações com concorrentes pode ser considerada uma vantagem competitiva, desde que o concorrente esteja disposto a trocá-las e, principalmente, desde que sua organização seja mais eficaz em aprender o conhecimento proveniente das informações recebidas no intercâmbio de informações.

Alianças em rede

Alianças em rede em ecossistemas organizacionais são outra forma de gerar organizações prontas para ganhar vantagem competitiva.

Existem vários fatores motivadores para a formação de redes de alianças:

- Evitar cometer o mesmo erro;
- Evitar as armadilhas da especialização;

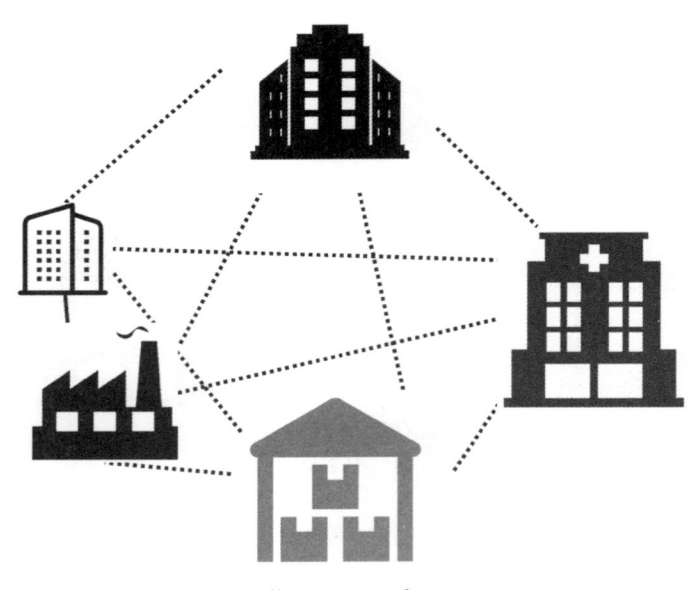

Alianças em rede

Fonte: Figura elaborada pelo autor a partir de BAMFORD, J. D., GOMES-CASSEREWS, B., ROBINSON, M.S., *Mastering Alliance Strategy: A Comprehensive Guide to Design, Management, and Organization*; Jossey-Bass; Illustrated edição (27 dezembro 2002).

- Permitir o compartilhamento de custos;
- Reduzir risco;
- Ter maior flexibilidade.

Você pode projetar sua organização e rede de alianças de uma maneira que suporte sua estratégia e se alinhe ao seu ambiente competitivo. Uma forma de fazer isso é buscar competências complementares e sinérgicas e promover oportunidades de aprendizado, criatividade e maior eficiência.

A rede de alianças *Hub-and-spoke*

A rede de alianças conhecida como *Hub-and-spoke* consiste em uma única organização no centro, aliada a várias outras organizações parceiras.

As organizações aliadas não estão em contato direto umas com as outras. A informação flui apenas entre os *hubs* e seus parceiros. É um sistema de aliança mais adequado para ambientes dinâmicos. Aplica-se quando sua or-

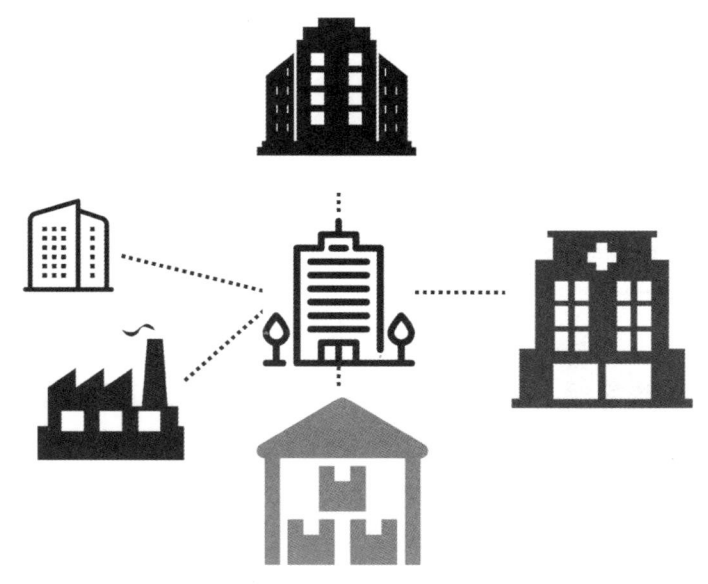

Aliança de rede Hub-and-spoke

Fonte: Figura elaborada pelo autor a partir de BAMFORD, J. D., GOMES-CASSEREWS, B., ROBINSON, M.S., *Mastering Alliance Strategy: A Comprehensive Guide to Design, Management, and Organization*; Jossey-Bass; Illustrated edição (27 dezembro 2002).

ganização tem forte poder de marca e estrutura de capitais para resistir aos riscos associados à inovação.

Na rede de alianças *Hub-and-spoke,* os recursos da sua organização, e de cada parceiro, devem ser organizados por meio da articulação social por intermediação, visando promover a inovação. A organização central tem acesso a todas as informações com maior flexibilidade e controle, adaptando-se melhor às rápidas mudanças. No entanto, essa rede de alianças pode levar a oportunidades de aprendizado perdidas, pois os aliados não estão diretamente conectados uns aos outros. Além disso, requer uma estrutura sofisticada para gerenciá-las, de forma a garantir que todos os parceiros estejam na mesma página.

A aliança de rede integrada

A aliança de rede integrada é uma rede fechada com alto nível de comunicação dentro dela. Em contraste, a informação flui entre os raios.

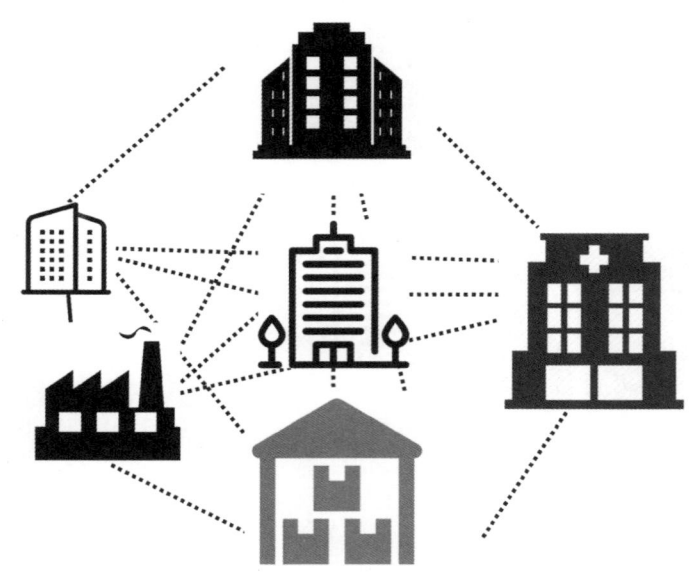

Aliança de rede Integrada

Fonte: Figura elaborada pelo autor a partir de BAMFORD, J. D., GOMES-CASSEREWS, B., ROBINSON, M.S., *Mastering Alliance Strategy: A Comprehensive Guide to Design, Management, and Organization*; Jossey-Bass; Illustrated edição (27 dezembro 2002).

As organizações trabalham de forma colaborativa para otimizar e melhorar um produto e processo existente. Isso ajuda a aumentar a eficiência e reduzir os custos operacionais, o que é fundamental para ambientes competitivos estáveis.

É útil quando a organização tem baixo poder de mercado e não possui capital ou impacto suficiente para colher os benefícios de um produto ou processo inovador. Cria a capacidade de controlar as informações, ao mesmo tempo que apresenta pouca flexibilidade para lidar com as mudanças no ambiente competitivo.

10 – Controle de missão

ESTABELECENDO SEU CENTRO DE CONTROLE DE MISSÃO (CCM)

O processo de implementação de um plano estratégico de mudança deve ser acompanhado pela institucionalização do centro de controle de missão. Por meio dos recursos e ferramentas disponíveis, esse centro de controle tem a capacidade de planejar, monitorar e controlar a implementação de ações integradas de mudança, além de garantir o apoio das principais partes interessadas.

A importância do centro de controle

Além disso, a existência do centro de controle institucionaliza a legitimidade, e dá a necessária credibilidade à equipe que conduzirá o processo de mudança dentro da organização. Para isso, é necessário considerar alguns aspectos:

- Estabeleça fisicamente seu escritório de gerenciamento de projeto (PMO) e nomeie seu gerente de projeto (*PM Officer*);
- Defina o nível de autoridade, responsabilidades e influência do seu escritório de gerenciamento de projetos;
- Defina os sistemas que serão usados para gerenciar os projetos;
- Defina o comitê de gerenciamento de projetos (Comitê de PMO), e estabeleça rotinas para reuniões regulares de atualização;
- Anote a matriz RACI para orientar a gestão de cada um dos projetos.

TRANSFORMANDO O GERENCIAMENTO REATIVO EM GERENCIAMENTO PROATIVO

Uma maneira de gerenciar proativamente os projetos de transformação estratégica de sua empresa é garantir que sua equipe no Comitê de PMO tenha um bom começo. Prepare o que chamamos de carta de equipe, documento que levanta questões-chave de interesse dos membros da equipe. Ao apresentar respostas a essas questões, esclarece as regras de convivência e alinhamento de expectativas; fornece uma espécie de guia para o bom andamento do trabalho em equipe; ajuda todos na equipe a se alinharem com a direção do projeto, com a cultura de trabalho em equipe e com as aspirações individuais.

Esta carta deve conter os seguintes termos:

- Trabalho: quais são nossos objetivos de engajamento? Que abordagem estamos planejando usar? Qual será o papel de cada um de nós no engajamento?

- Aprendizagem: quais são os objetivos de aprendizagem para cada um de nós? Como estamos planejando abordá-los durante o engajamento? Como devemos dar e receber *feedback* uns dos outros?

- Processo: quais são as funções de "manutenção" que precisamos executar? Quem é responsável por cada uma delas? Que reuniões regulares de equipe devemos agendar? Como planejamos compartilhar informações enquanto trabalhamos? Como vamos resolver os conflitos?

- Estilo de vida: que expectativas mútuas temos sobre quanto trabalho vamos fazer e quando vamos fazê-lo (fins de semana etc.)? Quais restrições de estilo de vida cada um de nós tem? Que diversão devemos ter como equipe?

Principais atividades do centro de controle

Para cada projeto de mudança ou ação direcionada, planeje o trabalho usando uma carta contendo a seguinte estrutura:

1. Visão geral do projeto;
2. Objetivos;
3. Escopo;
4. Premissas e riscos;
5. Abordagem;
6. Organização;
7. Página de assinatura;
8. Estimativas iniciais de esforço, custo e duração.

Certifique-se de que os executivos seniores, patrocinadores e demais partes interessadas estejam cientes e concordem com os estatutos de cada projeto.

A importância de escolher as ferramentas certas de gerenciamento de projetos

Para selecionar as ferramentas de gestão de projetos adequadas, é necessário considerar um conjunto de fatores críticos que definirão o grau de sofisticação necessário para elas:

- Complexidade do projeto;
- Nível de colaboração disponível;
- Sistemas e recursos de suporte de TI disponíveis;
- Treinamento disponível.

Carregando a ferramenta escolhida com os projetos ou ações de mudança

Existem diversas ferramentas digitais de gerenciamento de projetos disponíveis no mercado.

Depois de escolher a ferramenta certa para apoiar sua estratégia de mudança e carregá-la com todas as informações sobre os projetos de mudança que foram considerados em seu plano estratégico de transformação, você poderá obter uma visão geral e compreensão das tarefas, suas dependências e interdependências.

Construindo seu modelo RACI

Para cada atividade ou projeto, é importante identificar quem será o responsável, quem terá autoridade, quem será consultado e quem será informado. Chamamos essa atribuição de matriz de responsabilidade ou matriz RACI.

A combinação certa de planejamento, monitoramento e controle pode fazer a diferença na conclusão de um projeto no prazo, dentro do orçamento e com resultados de alta qualidade. Seja claro sobre os procedimentos de gerenciamento de projetos com antecedência, gerencie o plano de trabalho, monitore o cronograma e o orçamento, e sempre procure sinais de alerta.

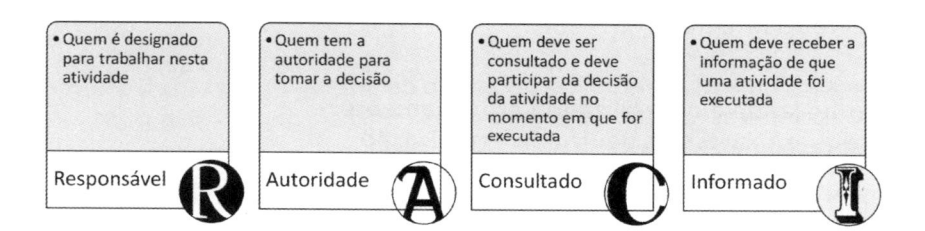

Matriz de responsabilidades RACI

Fonte: Figura elaborada pelo autor a partir de BLODKDYK, G.; *RACI Matrix A Complete Guide;* 2020 Edition; 5STARCooks (September 6, 2019)

11 – Plano de comunicação

PLANEJANDO PARA COMUNICAR SEU PLANO DE IMPLEMENTAÇÃO

Identificando e neutralizando proativamente qualquer resistência dentro da organização

É importante desenvolver um plano de comunicação que você usará, antes de iniciar a fase de implementação de seu plano estratégico de mudança. Concentre-se em todas as principais partes interessadas que influenciam o resultado do projeto e explore maneiras de energizá-las e apoiá-las na direção que você espera seguir com o plano de mudança.

O que e como comunicar?

Ao preparar seu plano de comunicação, pense em como você transmitirá a mensagem principal, quem será o público, quais canais de comunicação usar, o que será comunicado, e enfatize a existência e importância do centro de controle da missão.

As principais informações que devem ser estruturadas para comunicação, antes de iniciar a implementação do seu plano estratégico de mudança são:

- A declaração do problema e sua declaração estratégica;
- A lógica e os comportamentos de sua declaração estratégica;
- Alavancas, dimensões, níveis e ecossistema de inovação de seu modelo de negócios;
- Métricas para apoiar o plano de implementação;
- Desenho da organização para apoiar o plano de implementação;
- Plano de mobilização (simbolismo) e realinhamento;
- Marcas culturais para uma organização ágil;

- Técnicas e sistemas implementados para transformar a empresa em uma organização pronta para aprender;
- Sua estrutura de rede de alianças;
- Sua estrutura e equipe do centro de controle da missão;
- Cronograma para implementação e medições;
- Respostas às principais perguntas.

PREPARANDO-SE PARA RESPONDER A TODAS AS PERGUNTAS

Um dos erros mais comuns é não preparar uma lista das principais perguntas (e suas respostas), que podem aparecer logo após você comunicar seu plano de mudança estratégica. O sucesso da comunicação dependerá em grande parte de como você está preparado para responder a essas perguntas. Além disso, para garantir uma comunicação eficaz, considere o seguinte:

- Necessidade de apresentações (*Road show*);
- Necessidade de apresentar um roteiro com consistência;
- Presença massiva da equipe de liderança demonstrando apoio ao plano;
- Comunicação e uso de linguagem apropriada;
- Garantir uma resposta convincente a todas as perguntas;
- Compartilhar um senso de causa comum;
- Conectar-se com a equipe, e motivá-la;
- Manter sempre o canal aberto de comunicação com a equipe.

12 – Verificação e ação para garantir a transformação e satisfação duradouras

FORNECENDO CONTROLE E MEDINDO DESEMPENHO E VALOR

O sucesso e o bom andamento dos projetos dependerão em grande parte de quanto o líder de mudança, o gerente de projeto (*PM officer*) e o comitê de mudança (Comitê de PMO) serão capazes de definir e gerenciar cada uma das várias tarefas e responsabilidades apresentadas abaixo.

Gerenciamento do escopo

Há sempre uma tendência a desafiar o escopo do projeto. Muitos são tentados a querer aumentar o escopo sem considerar o impacto no tempo e nos custos do projeto. Aqui estão algumas dicas para evitar cometer esse erro:

- Planejar o gerenciamento do escopo;
- Coletar requisitos;
- Definir o escopo;
- Desenvolver a estrutura dos diferentes níveis de trabalho;
- Validar o escopo;
- Controlar o escopo.

Gerenciamento do prazo

Gerenciar o prazo de um projeto é uma das tarefas mais difíceis, pois está relacionada ao tempo disponível dos envolvidos, bem como à disponibilidade de recursos necessários para o bom andamento do projeto. É comum que seja subestimado, e por isso, alguns cuidados devem ser tomados:

- Planejar o gerenciamento de prazos;
- Definir atividades;
- Sequenciar atividades;
- Determinar as durações das atividades;
- Controlar o prazo.

Gerenciamento do custo

Os recursos de um projeto são frequentemente finitos. Para isso você precisa saber:

- Estimar o orçamento;
- Planejar o gerenciamento de custos;
- Controlar os custos.

Gerenciamento dos recursos

Uma das falhas mais comuns no gerenciamento de projetos é a má gestão dos recursos existentes. Disciplina e parcimônia para gerenciar os recursos nunca são demais. Não se esqueça de que você deve:

- Planejar o gerenciamento de recursos;
- Estimar as atividades de cada recurso;
- Contratar, desenvolver e gerenciar a equipe;
- Dispor dos recursos de controle.

Gerenciamento da qualidade

Um projeto bem entregue é aquele que supera as expectativas de recursos, prazo e qualidade. Para que isso ocorra, é preciso ser capaz de antecipar as complicações possíveis, de forma que o projeto seja entregue no prazo, e com gestão de controle de qualidade.

Gerenciamento das partes interessadas

Cada projeto que compõe o plano estratégico de mudança poderá estar submetido a diferentes partes interessadas. Recomenda-se identificar, engajar e monitorar as partes interessadas de cada projeto.

Gerenciamento dos riscos

Para todos os projetos, é importante saber identificar os riscos e planejar como evitá-los ou minimizá-los. Os riscos devem ser analisados e, para cada um deles, deve haver um plano de resposta e meios de monitoramento.

Gerenciamento da comunicação

A comunicação de um plano estratégico de mudança não se limita ao ato de comunicar o plano em si, devendo ser consistente e abundante durante toda a jornada de mudança. A confiança nos líderes e agentes de mudança precisa ser preservada para maior credibilidade e entrega acelerada. Alguns cuidados a serem tomados:

- Planejar a realização com frequência de eventos de comunicação;
- Conduzir sessões individuais com os membros da equipe;
- Monitorar se não há ruído de comunicação.

Um aspecto extremamente relevante em termos de comunicação é deixar claro o que está planejado para cada membro da equipe de mudança, após a conclusão do projeto de mudança.

Gerenciamento de compras

Nada pior do que ver um projeto atrasado por falta de planejamento na aquisição dos insumos necessários para o seu bom andamento. É fundamental planejar o recebimento dos insumos necessários para o bom andamento do projeto dentro dos prazos estipulados, e controlar as despesas de acordo com o cronograma.

Gerenciamento do sucesso na execução

Alguns cuidados são necessários para que a equipe envolvida na gestão dos projetos de seu plano estratégico de mudança tenha sucesso em sua execução:

- Plano de atividades robusto;
- Nível correto de detalhe;
- Definição do caminho crítico;
- Divisão de atividades maiores em menores;
- Estimativas realistas;
- Métodos para compressão de tempos;
- Intervalos entre grupos de atividades.

Gerenciamento do Comitê de PMO (Comitê de Mudança)

Vimos que um plano de mudança estratégica pode ter centenas de projetos em execução ao mesmo tempo, sob a coordenação do gestor de projetos (*PM Officer*).

Não se engane: esta é uma tarefa difícil, cansativa e justamente onde tudo pode começar a dar errado. O bom funcionamento do escritório de PMO depende muito do recebimento de atualizações de outros profissionais da empresa, muitas vezes presos em suas tarefas do dia a dia, o que os impede de dar a devida prioridade ao tema. Gerenciar a condução do escritório de PMO é uma tarefa que depende da participação e colaboração de toda a empresa, daí a importância da formação do Comitê de PMO (Comitê de Mudança).

Em sua constituição, os participantes devem concordar entre si sobre a regularidade com que realizarão as reuniões, como será monitorado o desempenho do projeto em relação ao plano original, como e quando os alertas de segurança serão acionados, como as ações corretivas serão tomadas e quais técnicas ou metodologias ágeis serão usadas para agilizar as entregas individuais de cada projeto que compõe o plano integrado de mudança.

Gerenciamento da eficiência das equipes

É bastante comum que as equipes que serão responsáveis pela gestão dos projetos não tenham recebido treinamento e preparação adequados. Boa parte dessa preparação acaba sendo deixada para o andamento do projeto, comprometendo o resultado. Veja alguns cuidados que devem ser levados em consideração:

- Tenha funções claramente definidas;
- Separe responsabilidades de habilidades;
- Separe treinamento de orientação;
- Cheque a necessidade de suporte;
- Evite indivíduos sobrecarregados;
- Tenha plano para gestão de conflitos;
- Identifique as "agendas secretas";
- Ofereça clareza de futuro: o que acontecerá quando o projeto estiver concluído?

Gerenciamento de reuniões como forma de medir e controlar

Parece simples, mas o agendamento de reuniões deve ser levado muito a sério. A indisponibilidade de atores-chave na execução dos projetos que compõem o plano integrado de mudança é muitas vezes a principal causa de atrasos no projeto.

Abaixo estão alguns cuidados a serem tomados:

- Todas as reuniões importantes estão formalmente marcadas nos calendários de todos?
- Foi definido qual integrante da equipe participará de cada reunião?
- Foi definida a autoridade para agendar e conduzir as reuniões?

De todas essas questões centrais, há dois aspectos que merecem atenção redobrada e que, se não forem bem medidos e controlados, levarão ao fracasso ou à perda de sustentação do plano estratégico de mudança. Trata-se de medir e controlar o escopo e os riscos.

Medindo e controlando o escopo

O escopo de um projeto está sempre sob pressão, e precisa ser medido e controlado com muita disciplina e parcimônia:

- Atenção ao aumento indiscriminado do escopo;
- O patrocinador é quem deve aprovar a mudança de escopo.

Medindo e controlando os riscos

O hábito de medir e controlar os possíveis riscos inerentes ao sucesso de um projeto também é essencial. Abaixo estão algumas recomendações que não devem ser ignoradas:

- Criar um plano de contingência;
- Considerar a dependência de fatores que estão além de nosso controle;
- Considerar a dependência de fatores não confirmados ou conhecidos;
- Identificar riscos de suporte;
- Identificar riscos de financiamento;
- Identificar riscos de saída de membros da equipe;
- Resolver os problemas o mais rápido possível.

Gerenciamento das principais razões de falha de projetos

Os agentes de mudança envolvidos no Comitê de PMO (Comitê de Mudança) devem entender as principais razões pelas quais o gerenciamento de projetos falha. Elas são:

- Expectativas desalinhadas;
- Começar antes da aprovação;
- Presença de recursos inexperientes ou não treinados;
- Sistemas inadequados;
- Sistemas não acessíveis;

- Conflitos na equipe;
- Mentalidade de "nós contra eles";
- Recursos desalinhados;
- Prioridades sendo alteradas a todo momento;
- Escopo não controlado.

Tópicos importantes para manter o controle das equipes

Para manter o controle das equipes, você deve se concentrar em seu aprendizado, disciplina, engajamento e alinhamento.

INCORPORAÇÃO DE GARANTIA DE APRENDIZADO PARA UMA TRANSFORMAÇÃO DURADOURA E BEM-SUCEDIDA

Um plano estratégico de transformação bem conduzido é uma oportunidade única para sua empresa evoluir em sua essência e valor. Além disso, representa uma chance única de crescimento, exposição, interação, amadurecimento e evolução da equipe. Muitos acabam saindo da zona de conforto. Mas como garantir que haja treinamento e capacitação para todos? Como garantir que os diferentes aprendizados estejam sendo anotados, registrados, incorporados e retidos, para que sua empresa possa garantir que o conhecimento adquirido esteja disponível no futuro para qualquer membro da equipe, e no momento adequado?

Construindo capacidades organizacionais

Na década de 1990, Peter M. Senge escreveu sobre estratégias de aprendizagem organizacional para eliminar deficiências de comunicação e aprendizado que limitavam o crescimento futuro. Seu livro *The Fifth Discipline: The Art and Practice of the Learning Organization* apresenta programas de aprendizado baseados em cinco "disciplinas" principais: domínio pessoal, modelos mentais, visão compartilhada, aprendizado em equipe e pensamento sistêmico. Segundo Senge, é vital que todas as disciplinas se desenvolvam juntas, então o pensamento sistêmico, que é a quinta disciplina, é aquele que integra todas as demais.

As 5 disciplinas das organizações que aprendem

Fonte: Figura elaborada pelo autor a partir de SENGE, P. M; *The Fifth Discipline: The Art & Practice of The Learning Organization*; Random House Publishing Group; 2010.

Para que sua empresa consiga registrar o aprendizado adquirido ao longo de sua jornada de mudança, por meio do pensamento sistêmico, viabilizando e retendo o conhecimento, é necessário que o líder de mudança envolva a liderança para identificar lacunas nas competências da equipe, planejando os recursos necessários para qualificação e treinamento. Deve-se ter um plano de investimento financeiro para apoiar esta formação. Além disso, o líder de mudança precisa ser capaz de fornecer ferramentas de gestão do conhecimento.

Implementando a gestão do conhecimento

A gestão do conhecimento é a administração dos ativos de conhecimento gerados em uma organização. É um processo sistemático de identificar, adquirir, organizar, armazenar, distribuir, utilizar e renovar o conhecimento dentro de uma empresa, para que esta possa evoluir e se adaptar às mudanças, como observado no esquema mostrado na página seguinte.

As características da gestão do conhecimento eficiente envolvem três conceitos importantes: dados, informação e conhecimento. A gestão do conhecimento é relevante para as empresas porque enriquece o intelecto

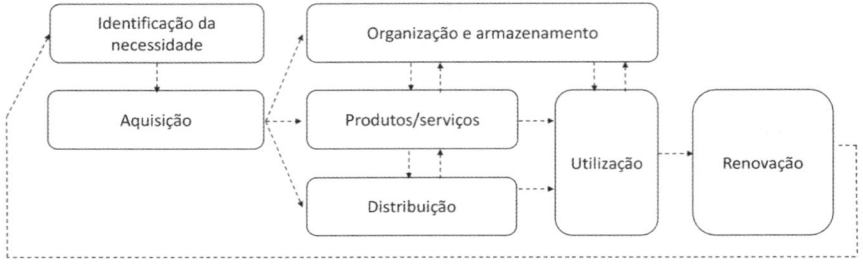

Processo sistemático de gestão do conhecimento

Fonte: Figura elaborada pelo autor a partir de WAHL, D. C.; *Designing Regenerative Cultures*. Devon: Triarchy Press, 2016.

dos colaboradores, valorizando ao máximo o capital humano. Além disso, fornece as melhores práticas, facilita a tomada de decisões e promove iniciativas inovadoras na organização.

Pensando em objetivos práticos, podemos perceber algumas vantagens que a gestão do conhecimento gera no dia a dia de uma empresa:

- Melhor uso dos dados: produz informações úteis que facilitam o planejamento, otimizando as atividades diárias e evitando retrabalho;

- Melhor ambiente de trabalho: gera maior troca de experiências, estimulando a colaboração, aprimorando as capacidades intelectuais dos funcionários e incentivando-os a compartilhar o que sabem;

- Aceleração dos processos internos: resulta em maior agilidade, facilitando o planejamento e a elaboração de estratégias, pois os dados gerenciados são precisos e devidamente analisados.

A gestão do conhecimento é um processo muito importante para as empresas, mas alguns desafios podem ser encontrados em sua implementação, como falta de incentivo, diálogo insuficiente, má prática e falta de retenção.

Dada a importância da gestão do conhecimento, é fundamental encontrar formas de melhorá-la. Para isso, é pertinente pensar em ferramentas de gestão do conhecimento e formas de auxiliar esse processo. Existem diversos *softwares* que oferecem recursos para isso. Usar esses recursos com treinamento adequado é uma decisão sábia a ser tomada no início da jornada de mudança. A gestão do conhecimento é um dos pilares para garantir a entrega do processo de aprendizagem para uma transformação bem-sucedida e duradoura.

Referências bibliográficas

ATTAR, Rias (Giath). *Change to Win: How to Optimize or Transform Your Business to Deliver Positive Results*. Las Vegas: SayAplus, 2020.

AUSMUS, Benny. *The Transformational Leadership Compass: A Dynamic Coaching System for Creating Big Change*. Carson City: Lioncrest Publishing, 2021.

BAMFORD, J. D.; GOMES-CASSEREWS, B.; ROBINSON, M.S. *Mastering Alliance Strategy: A Comprehensive Guide to Design, Management, and Organization*. San FRancisco: Jossey-Bass, 2002.

BLOKDYK, G. *RACI Matrix A Complete Guide* - 2020 Edition. Brendale: 5StarCooks, 2019.

BOSSIDY, Larry; CHARAN, Ram; BURCK, Charles. *Execution: The Discipline of Getting Things Done*. Nova York: Crown Business, 2002.

BRADUTANU, Daniela. *Resistance to Change – A New Perspective*. Morrisville: Lulu Press, 2015.

BRIDGES, William; BRIDGES, Susan. *Managing Transitions (25th Anniversary Edition): Making the Most of Change*. Boston: Da Capo Lifelong Books, 2017.

BROWN, Tim. *Change by Design: How Design Thinking Transforms Organizations and Inspires Innovation*. Nova York: Harper Business, 2019.

BUNGAY, Stephen. *The Art of Action: How Leaders Close the Gaps between Plans, Actions and Results* (Audio book). Londres: Nicholas Brealey Publishing, 2021.

BURKUS, David. *Under New Management: How Leading Organizations Are Upending Business as Usual*. Nova York: HarperCollins, 2017.

BURT, R.S. *Brokerage & closure: an introduction to social capital*. Nova York: Oxford University Press, 2005.

BUSINESS STRATEGY HUB. *Dance with industry giants – Henry Mintzberg´s 5Ps of strategy explained*. Disponível em: https://bstrategyhub.com/dance-with-industry-giants-henry-mintzbergs-5-ps-of-strategy-explained/; Acesso em: 16 abr.2019.

CAMARA, M.S.; KERMAD, L.; EL MHAMEDI, A. *Organizational Change Measurement via Change Metrics*. In: SOBH, Tarek. *Innovations and Advanced Techniques in Computer and Information Sciences and Engineering*. Dordrecht, Springer Netherlands, 2007.

CHRISTENSEN, Clayton M. *The Innovator's Solution: Creating and Sustaining Successful Growth*. Boston: Harvard Business Review Press, 2013.

CHRISTENSEN, Clayton M. *The Innovator's Dilemma: When New Technologies Cause Great Firms to Fail (Management of Innovation and Change)*. Boston: Harvard Business Review Press, 2016.

CHRISTENSEN, Clayton M.; DILLON, Karen; HALL, Taddy; DUNCAN, David S. *Competing against Luck: The Story of Innovation and Customer Choice*. Nova York: Harper Business, 2016.

CLAYTON, M. *The Influence Agenda: A Systematic Approach to Aligning Stakeholders in Times of Change*, Londres: Palgrave MacMillan, 2014.

COLLINS, J. *Turning the Flywheel: A Monograph to Accompany Good to Great*. Nova York: Harper Business, 2019.

COVEY, Sean; MCCHESNEY, Chris; HULING, Jim. *The 4 Disciplines of Execution: Achieving Your Wildly Important Goals*. Nova York: Simon & Schuster Audio, 2013.

CUSUMANO, Michael A.; GAWER, Annabelle; YOFFIE, David B. *The Business of Platforms: Strategy in the Age of Digital Competition, Innovation, and Power*. Nova York: Harper Business, 2019.

DENNING, Stephen. *The Age of Agile: How Smart Companies Are Transforming the Way Work Gets Done*. Nova York: Amacom, 2018.

DIXIT, Avinash K.: NALEBUFF, Barry J. *The Art of Strategy: A Game Theorist's Guide to Success in Business and Life*. Nova York: W. W. Norton & Company, 2008.

DOERR, John. *Measure What Matters: How Google, Bono, and the Gates Foundation Rock the World with OKRs*. Londres: Portfolio, 2018.

FADER, Peter; TOMS, Sarah E. *The Customer Centricity Playbook: Implement a Winning Strategy Driven by Customer Lifetime Value*. Filadélfia: Wharton School Press, 2018.

FAESTE, L.; HEMERLING, J. *Delivering and Sustaining Breakthrough Performance*. Boston: The Boston Consulting Group, 2016.

FERGUSON, Sherry Devereaux. *Communication Planning: An Integrated Approach*. Nova York, SAGE, 1999.

FISHER, J. M. *Personal Transition through Change*, X International Personal Construct Congress, Berlim, 1999

FORRESTER, Tracy. *Problem Solving, Process Solving: The Culture, Structure, and Tools*. Publicação independente, 2021.

FURR, Nathan; NEL, Kyle; ZOEGA RAMSOY, Thomas. *Leading Transformation: How to Take Charge of Your Company's Future*, Boston: Harvard Business Review Press, 2018.

GADDIS, J. L., *As grandes estratégias: De Sun Tzu a Franklin Roosevelt, como os grandes líderes mudaram o mundo*. São Paulo: Crítica, 2019.

GIBBONS, Paul. *The Science of Successful Organizational Change: How Leaders Set Strategy, Change Behavior, and Create an Agile Culture*. New Jersey, Pearson FT Press, 2015.

GOKSOY, A. *Organizational Change Management Strategies in Modern Business*. Hershey: Business Science Reference, 2015.

GUPTA, Sunil. *Driving Digital Strategy: A Guide to Reimagining Your Business*. Boston: Harvard Business Review Press, 2018.

HAMEL, G. X. *What matters now: How to win in a world of relentless change, ferocious competition, and unstoppable innovation*. San Francisco: Jossey-Bass, 2012.

HARVARD BUSINESS REVIEW. *Action plans: the architecture of implementation. In: Strategy: create and implement the best strategy for your business*. Boston: Harvard Business School Press, 2005.

HARVARD BUSINESS REVIEW. *HBR's 10 Must Reads on Change Management*. Boston: Harvard Business School Press, 2011.

HEATH, C.; HEATH, D. *Switch: como mudar as coisas quando a mudança é difícil*. Rio de Janeiro: Alta Books, 2019.

HEIFETZ, Ronald A.; LINSKY, Marty. GRASHOW, Alexander Grashow. *The Practice of Adaptive Leadership: Tools and Tactics for Changing Your Organization and the World*. Boston: Harvard Business School Press, 2009.

HIATT, Jeffrey; CREASEY, Timothy. *Change Management: The People Side of Change*. Fort Collins: Prosci Learning Center Publication, 2012.

HIGHSMITH, Jim; LUU, Linda; EDGE, David Robinson. *Value-Driven Digital Transformation*. Boston: Addison-Wesley Professional, 2019.

ISMAIL, Salim; MALONE, Michael S.; GEEST, Yuri Van. *Exponential Organizations: Why New Organizations Are Ten Times Better, Faster, and Cheaper than Yours (and What to Do about It)*. Nova York: Diversion Books, 2014.

JACOBS, Robert W. *Real Time Strategic Change: How to Involve an Entire Organization in Fast and Far-Reaching Change*. Oakland: Berrett-Koehler Pub, 1994.

JOHNSON, M. W. *Reinvent Your Business Model: How To Seize The White Space For Transformative Growth*. Boston: Harvard Business Review Press, 2018.

JUNEJA, P. *Communication flows in an organization*. Disponível em: https://www.managementstudyguide.com/communication-flows.htm. Acesso em: 17 mai.2019.

KEGAN, Robert; LAHEY, Lisa Laskow. *Immunity to Change: How to Overcome It and Unlock Potential in Yourself and Your Organization*. Boston: Harvard Business School Press, 2009.

KIM, W. Chan; MAUBORGNE, Renée. *A estratégia do oceano azul: como criar novos mercados e tornar a concorrência irrelevante*. Rio de Janeiro: Sextante, 2019.

KOTTER, John P. *Liderando mudanças: transformando empresas com a força das emoções*. Rio de Janeiro: Alta Books, 2017.

KOTTER, John P.; AKHTAR, Vanessa; GUPTA, Gaurav. *Change: How Organizations Achieve Hard-To-Imagine Results in Uncertain and Volatile Times*. New Jersey: Wiley, 2021.

KOTTER, John P.; RATHGEBER, Holger. *Nosso iceberg está derretendo*. 10ª ed. (edição comemorativa). São Paulo: BestSeller, 2018.

LAFLEY, A. G.; MARTIN, Roger L. *Playing to Win: How Strategy Really Works*. Boston: Harvard Business School Press, 2013.

LALOUX, Frederic. *Reinventing Organizations: A Guide to Creating Organizations Inspired by the Next Stage in Human Consciousness*. Bruxelas; Millis: Nelson Parker, 2014.

LEOPOLD, Klaus. *Rethinking Agile: Why Agile Teams Have Nothing to Do with Business Agility*. Viena: Leanability Press, 2018.

LITTLE, Jason. *Lean Change Management: Innovative Practices For Managing Organizational Change*. Rotterdam: Happy Melly Express, 2014.

MAGALDI, S.; SALIBI NETO, J. *Estratégia adaptativa: O novo tratado do pensamento estratégico*. São Paulo: Gente, 2020.

MARCH, J.G. *Exploration and exploitation in organizational learning*. Organizational Science. 2(1):71-87, 1991.

MARCUS, Leonard J.; MCNULTY, Eric J. *et al*. *You're It: Crisis, Change, and How to Lead When It Matters Most*. Nova York: PublicAffairs, 2019.

MAXWELL, *John C. Leadershift (The 11 Essential Changes Every Leader Must*

Embrace). Nova York: HarperCollins Leadership, 2019.

MCCHRYSTAL, Stanley A.; FUSSEL, Chris; COLLINS, Tantum. *Team of Teams: New Rules of Engagement for a Complex World*. Londres: Portfolio, 2015.

MCCORD, Patty. *Powerful: Building a Culture of Freedom and Responsibility*. San Francisco: Silicon Guild, 2018.

MOORE, K. *Porter or Mintzberg:* Whose view of strategy is the most relevant today? *Forbes*, 28 mar. 2011. Disponível em: https://www.forbes.com/sites/karlmoore/2011/03/28/porter-or-mintzberg-whose-view-of-strategy-is-the-most-relevant-today/#537983d458ba. Acesso em: 15 mai.2019.

NADLER, D.A.; TUSHMAN, M.L. *Competing by design: The power of organizational architecture*. 2ª Ed. Nova York: Oxford University Press, 1997.

NASLUNG, B. *Organizational slack. Ekonomisk Tidskrift*. 66(1):26-31, 1964.

OSTERWALDER, Alexander. *Business Model Generation: inovação em modelos de negócios*. Rio de Janeiro: Alta Books, 2011.

PATTERSON, Kerry; GRENNY, Joseph; MAXFIELD, David. *Influencer: The New Science of Leading Change*. 2ª Ed. Nova York: McGraw-Hill, 2013.

PORTER, Michael. E. *Estratégia Competitiva - Técnicas Para Análise de Indústrias e da Concorrência*. 2ª ed. (25. reimpr.). Rio de Janeiro: GEN/Atlas, 2021.

PROJECT MANAGEMENT INSTITUTE. *Agile Practice Guide*. Newton Square: Project Management Institute, 2017.

PROKESCH, S. Unleashing the Power of Learning: An Interview with British Petroleum's John Browne. *Harvard Business Review*, 1997.

REYNOLDS, Terry; PRICE, Glenn. *Drivers: A Story of Transformational Change*. Guildford: Grosvenor House Publishing, 2015.

RIGBY, Darrel; ELK, Sarah; BEREZ, Steve. *Doing Agile Right: Transformation without Chaos*. Boston: Harvard Business Review Press, 2020.

RULER, Betteke van; KÖRVER, Frank. *The Communication Strategy Handbook: Toolkit for Creating a Winning Strategy*. Nova York: Peter Lang, International Academic Publishers, 2019.

RUMELT, Richard *Good Strategy/Bad Strategy: The difference and why it matters*. Londres, Profile Books, 2017.

SENGE, P. M. *The Fifth Discipline: The Art& Practice of The Learning Organization*. Nova York: Crown, 2010.

SIEBEL, Thomas M. *Digital Transformation: Survive and Thrive in an Era of Mass Extinction*. Nova York: RosettaBooks, 2019.

SINEK, Simon. *Comece pelo porquê: como grandes líderes inspiram pessoas e equipes a agir*. Rio de Janeiro: Sextante, 2018.

SINEK, Simon; MEAD, David; DOCKER, Peter. *Find Your Why: A Practical Guide for Discovering Purpose for You and Your Team*. Londres: Portfolio, 2017.

STOVEL, K.; GOLUB, B.; MEYERSSON MILGRON, E. *Stabilizing brokerage*. PNAS. 108(4):21326-21332, 2011.

STRATEGIC TOOLKITS. *Flywheel concept*. Disponível em: http://strategictoolkits. com/strategic-concepts/flywheel/. Acesso em: 18 abr.2019.

SUTHERLAND, Jeff. *Scrum: The Art of Doing Twice the Work in Half the Time*. Nova York: Crown Business, 2014.

THE ARBINGER INSTITUTE. *Mudança de Mindset: como mudar vidas e transformar organizações*. 2ª ed. São Paulo: Zik, 2019.

TIMME, Stephen G. *Insight-Led Selling: Adopt an Executive Mindset, Build Credibility, Communicate with Impact*. Carson City: Lioncrest Publishing, 2021.

TZU, Sun. *The Art of War*. Scotts Valley: CreateSpace Independent Publishing Platform, 2017.

WAHL, Daniel Christian. *Designing Regenerative Cultures*. Devon: Triarchy Press, 2016.